Jackson Cole

50 leçons de business par les plus grands milliardaires

Stratégies Éprouvées, Inspirations et Révélations des Titans de l'Entrepreneuriat (Musk, Bezos, Gates, Buffet, etc…)

Éditions du Château

Juillet 2023

"L'apprentissage par l'inspiration est comme une étincelle qui allume un feu intérieur. Une fois allumé, ce feu ne s'éteint jamais, il continue de grandir et d'illuminer notre chemin vers la connaissance et la réussite."

Jackson Cole

Préface de l'auteur

Chers lecteurs,

C'est avec une immense joie que je vous accueille dans les pages de cet ouvrage. Je tiens tout d'abord à vous exprimer ma gratitude et mon profond respect pour le temps que vous consacrez à explorer les idées et les réflexions que j'ai rassemblées ici. Ce livre représente pour moi bien plus qu'un simple recueil de mots ; il est le fruit de mes années d'expérience en tant qu'entrepreneur, blogueur et spécialiste des startups.

L'objectif de cet ouvrage est simple : vous inspirer et vous guider sur le chemin de la réussite entrepreneuriale. Au fil des années, j'ai eu la chance de rencontrer et d'étudier de près les parcours de nombreux entrepreneurs prospères, et j'ai constaté que malgré leurs différences, ils partageaient tous certaines habitudes et caractéristiques essentielles qui les ont menés vers le succès.

Dans ces pages, je vais partager avec vous les principes fondamentaux qui m'ont permis de surmonter les obstacles, de saisir les opportunités et de bâtir des entreprises prospères. Je vais également vous présenter les histoires inspirantes de certains de ces entrepreneurs visionnaires, qui ont osé rêver grand et ont transformé leurs idées en réalité.

Vous découvrirez des stratégies pratiques pour lancer et développer une startup, des conseils pour prendre des décisions éclairées et des méthodes pour rester motivé et persévérant face aux défis inévitables de l'entrepreneuriat. Je vous inviterai à développer une mentalité d'innovation, à cultiver votre créativité et à saisir les opportunités dans les moments de crise.

Plus important encore, je vous encourage à croire en vous-même et en votre vision. L'entrepreneuriat est une aventure audacieuse et exaltante, mais elle peut aussi être parsemée d'incertitudes et de doutes. J'ai moi-même fait face à des échecs et des revers, mais ce sont ces expériences qui m'ont permis de grandir et d'apprendre. Je suis convaincu que chaque obstacle est une occasion de progresser, et que chaque échec est une étape vers le succès.

Au-delà des stratégies et des conseils, cet ouvrage se veut également une source d'inspiration et d'encouragement. Je souhaite que vous y trouviez la motivation nécessaire pour poursuivre vos rêves, même lorsque le chemin semble semé d'embûches. Je vous invite à oser rêver grand, à sortir des sentiers battus et à repousser les limites de l'innovation et de la créativité.

Je crois fermement que l'entrepreneuriat est un vecteur de changement positif dans le monde. Chaque idée novatrice, chaque entreprise prospère contribue à façonner un avenir meilleur pour notre société. Que vous souhaitiez créer une startup révolutionnaire, développer une entreprise existante ou simplement nourrir votre esprit d'entrepreneur, je suis convaincu que les enseignements contenus dans cet ouvrage vous seront utiles.

Je tiens à vous remercier encore une fois de me permettre de partager avec vous mon savoir et mes expériences. Mon objectif ultime est de vous aider à réaliser votre plein potentiel en tant qu'entrepreneur, en vous donnant les outils et les perspectives nécessaires pour atteindre vos objectifs.

Que cette lecture soit pour vous une source d'inspiration et de transformation. Puissiez-vous tirer le meilleur parti de ces enseignements et les appliquer avec détermination dans votre propre parcours entrepreneurial.

Je vous souhaite un voyage passionnant et enrichissant à travers les pages de cet ouvrage, et je me réjouis de voir vos idées prendre vie et prospérer.

Bien à vous,

Jackson Cole

Introduction

Bienvenue dans l'univers palpitant de l'entrepreneuriat et de l'innovation, où les idées prennent vie, les rêves deviennent réalité et les parcours audacieux redéfinissent le monde des affaires. Dans les pages qui suivent, vous allez plonger au cœur de l'univers entrepreneurial, guidé par les réflexions inspirantes et les conseils éclairés de l'auteur Jackson Cole, un blogueur américain à succès, spécialiste des startups et auteur de best-sellers. L'entrepreneuriat est bien plus qu'une simple carrière ou une voie professionnelle ; c'est un état d'esprit, une manière de voir le monde et de le façonner. C'est l'art de transformer une vision en une réalité concrète, en embrassant l'incertitude et en faisant face aux défis avec détermination. C'est une aventure exaltante, où chaque étape est une opportunité d'apprentissage et de croissance personnelle.

Dans cet ouvrage, nous allons explorer ensemble les principes fondamentaux qui ont fait le succès de nombreux entrepreneurs visionnaires. Nous allons découvrir les habitudes qui les ont aidés à surmonter les obstacles, à innover, à créer des entreprises prospères et à marquer leur empreinte dans le monde des affaires.

L'objectif de cet ouvrage est de vous inspirer à oser rêver grand, à voir au-delà des limites conventionnelles et à embrasser le potentiel infini qui sommeille en vous. Que vous soyez un entrepreneur en herbe, un fondateur de startup ou un innovateur passionné, ce livre vous offre un éclairage unique sur les clés du succès entrepreneurial.

Chaque chapitre vous conduira dans un voyage captivant, où vous découvrirez les enseignements tirés des parcours d'entrepreneurs à succès. Vous apprendrez comment ils ont transformé leurs idées en actions concrètes, comment ils ont surmonté les échecs, et comment ils ont créé des entreprises prospères qui ont changé le cours de l'histoire.

Mais au-delà des exemples et des histoires inspirantes, cet ouvrage vous offre également des conseils pratiques et des stratégies concrètes pour développer votre propre entreprise. Vous apprendrez comment fixer des objectifs clairs, établir une routine structurée, gérer votre temps efficacement et prendre des décisions éclairées.

L'entrepreneuriat est un voyage unique, où chaque étape peut être aussi enrichissante que la destination finale. Vous découvrirez comment embrasser les défis, apprendre de vos échecs et transformer les obstacles en opportunités. Vous comprendrez l'importance de la persévérance, de l'humilité et de la responsabilité dans votre quête pour la réussite.

Nous explorerons également l'importance de l'innovation et de la créativité dans l'entrepreneuriat. Vous découvrirez comment cultiver votre esprit d'innovation, comment penser de manière disruptive et comment saisir les opportunités dans les moments de crise.

Chaque chapitre vous invitera à réfléchir sur vos propres objectifs, vos motivations et votre vision de l'avenir. Vous serez encouragé à sortir des sentiers battus, à explorer de nouvelles idées et à repousser les limites de votre créativité.

Enfin, cet ouvrage vous offrira un regard privilégié sur l'univers entrepreneurial, en mettant en lumière les réalités du monde des startups et de l'innovation. Vous découvrirez les défis auxquels les entrepreneurs sont confrontés, mais aussi les incroyables opportunités qui s'offrent à eux. Que vous aspiriez à lancer votre propre startup révolutionnaire, à développer votre entreprise existante ou simplement à nourrir votre esprit d'entrepreneur, ce livre est un guide précieux pour vous aider à naviguer dans le monde passionnant de l'entrepreneuriat.

Alors, prêt à embarquer pour un voyage inspirant à travers les coulisses de l'entrepreneuriat ? Que cette lecture soit pour vous une source d'inspiration, de motivation et de transformation. Puissiez-vous saisir chaque enseignement avec passion et détermination, et construire votre propre succès entrepreneurial.

1. Se lever tôt : Beaucoup de milliardaires se
   lèvent tôt pour profiter de la journée.

Dans les coulisses de la Silicon Valley, il existe une habitude bien gardée qui se joue bien avant que le monde ne se réveille. Un homme au sommet de l'une des entreprises les plus influentes au monde, Tim Cook, PDG d'Apple, est réputé pour commencer sa journée à une heure qui fait froncer les sourcils de beaucoup : 4h30 du matin. Derrière cette routine matinale apparemment drastique se cache une stratégie qui a façonné le succès d'Apple et du visionnaire qui en est à sa barre.

Chaque matin, alors que le soleil commence à peine à se lever, Tim Cook émerge de son sommeil pour entamer une séquence méticuleuse d'actions. Cette routine matinale est pour lui un moment privilégié de réflexion personnelle. Il saisit l'opportunité d'évaluer ses objectifs à long terme, de réfléchir aux décisions cruciales à prendre et d'anticiper les défis qui se profilent à l'horizon.

En cette heure précoce, Tim Cook se met au travail sur ce qui a fait d'Apple un géant de la technologie - la planification stratégique. C'est un moment où les idées prennent forme, où les défis sont abordés avec une perspective nouvelle et où les opportunités émergent des cendres. La quiétude matinale offre à Cook un environnement propice à la prise de décisions cruciales qui définissent la direction de l'entreprise.

Mais l'habitude matinale de Tim Cook ne se limite pas à la sphère professionnelle. Il accorde une importance primordiale à son bien-être physique et mental. Grâce à ce temps précieux, il s'adonne à une séance d'exercice matinale, renforçant son corps tout en apaisant son esprit. Cet équilibre entre l'activité physique et la réflexion personnelle contribue à son efficacité et à sa clarté mentale tout au long de la journée.

En homme d'affaires mondialisé, Tim Cook profite de ces heures calmes pour communiquer avec les équipes d'Apple à travers le monde. Cette fenêtre temporelle unique lui permet de coordonner les efforts globaux de l'entreprise, car pour Cook, l'heure n'est jamais un obstacle à la collaboration.

L'auto-amélioration est une quête constante pour le PDG d'Apple. Pendant cette heure intime, il consomme une quantité substantielle de connaissances en lisant des livres et des articles pertinents. Une soif inextinguible d'apprendre et de se tenir informé des dernières tendances technologiques alimente la passion de Cook pour l'innovation.

Outre les avantages évidents d'un temps de travail sans perturbation, se lever tôt permet à Tim Cook de se concentrer sur des projets cruciaux sans aucune interférence extérieure. La clarté et la tranquillité qui accompagnent l'aube sont propices à une productivité inégalée.

L'engagement de Tim Cook envers cette routine matinale a un impact bien au-delà de lui-même. En tant que leader, son exemple incite les employés d'Apple à embrasser la discipline, la persévérance et le travail acharné nécessaires pour faire évoluer une entreprise vers de nouveaux sommets.

Ainsi, derrière l'homme d'affaires renommé, le PDG d'Apple, Tim Cook, se lève avant l'aube, prêt à affronter chaque journée avec une perspective claire et une énergie inébranlable. Cette habitude, façonnée par la réflexion, la planification, l'exercice et le développement personnel, est le secret matinal qui a contribué à définir le succès d'Apple et de son visionnaire dirigeant.

2. Méditer ou pratiquer la pleine conscience pour la clarté mentale.

Au-delà des graphiques et des chiffres qui caractérisent le monde de la finance, une facette inattendue a joué un rôle crucial dans le succès de Ray Dalio, fondateur de Bridgewater Associates. La méditation et la pleine conscience se sont imposées comme des pratiques incontournables dans la vie de cet investisseur émérite. Ray Dalio a déclaré dans plusieurs interviews que ces pratiques étaient essentielles pour affiner ses compétences de prise de décision et pour mieux naviguer dans les eaux tumultueuses du monde des affaires.

En s'adonnant régulièrement à la méditation, Ray Dalio a découvert une ressource inestimable pour élever son niveau de conscience. Cette pratique lui a permis de prendre du recul face aux situations stressantes, de contrôler ses émotions et de voir les choses sous un nouvel angle. Une approche plus sereine des défis auxquels il était confronté lui a ouvert des possibilités inattendues et lui a permis de faire face aux crises avec une clarté d'esprit accrue.

La méditation n'est pas seulement une pratique adoptée par intuition, elle bénéficie également d'une base scientifique solide. De nombreuses études ont été menées sur les effets de la méditation sur le cerveau et le bien-être mental. Une étude publiée dans le Journal of Cognitive Enhancement a montré que la méditation régulière peut améliorer la concentration, la créativité et la résolution de problèmes. Une autre étude réalisée par des chercheurs de l'Université Harvard a révélé que la méditation peut réduire les niveaux de stress et améliorer la santé mentale globale.

En plus de la méditation formelle, Ray Dalio pratique la pleine conscience, qui consiste à être pleinement présent dans l'instant présent. Il applique cette approche au travail en étant attentif à ses interactions avec les autres, en écoutant activement et en accordant une attention particulière aux détails. Cette pratique l'a aidé à renforcer ses compétences en leadership et à développer des relations solides avec ses collègues et son équipe.

Ray Dalio n'est pas le seul chef d'entreprise à adopter la méditation et la pleine conscience comme outils pour réussir. D'autres leaders influents, tels que Marc Benioff, PDG de Salesforce, et Jeff Weiner, ancien PDG de LinkedIn, sont également connus pour leurs pratiques de pleine conscience. Cette tendance croissante dans les cercles d'affaires de haut niveau témoigne de l'impact positif de ces pratiques sur la performance et le bien-être des dirigeants.

Dans l'une de ses interviews, Ray Dalio a partagé un adage qui résume bien l'essence de la méditation dans sa vie : "Quand vous méditez, vous ne pensez pas seulement de manière différente, mais vous devenez également une personne différente." Cette phrase reflète l'idée que la méditation peut transformer la façon dont nous percevons le monde et comment nous nous comportons, ouvrant ainsi la voie à un succès durable.

En somme, la méditation et la pleine conscience ont été des piliers essentiels dans la carrière prolifique de Ray Dalio. Ces pratiques l'ont aidé à développer une clarté d'esprit, une gestion émotionnelle, une concentration accrue et une capacité à naviguer avec confiance dans le monde complexe de la finance. En s'appuyant sur des études scientifiques et en s'inspirant d'autres leaders de premier plan, Ray Dalio a démontré comment la sérénité intérieure peut être une alliée puissante dans la recherche du succès professionnel et personnel.

3. Faire de l'exercice régulièrement pour maintenir la forme physique et mentale.

Faire de l'exercice régulièrement est une habitude essentielle pour de nombreux entrepreneurs et dirigeants réussis, y compris Richard Branson, fondateur du groupe Virgin. Branson attribue une grande partie de son succès à son engagement envers la forme physique et mentale.

Le milliardaire britannique est un fervent défenseur de l'exercice et de son impact positif sur la productivité et le bien-être global. Il s'engage dans une variété d'activités physiques, allant du vélo et de la natation à la planche à voile et au kitesurf. Branson est connu pour son amour des défis sportifs extrêmes, tels que ses tentatives de traverser l'Atlantique en montgolfière ou de battre le record du monde de vitesse en bateau à moteur.

Cette habitude d'exercice régulier lui permet de rester en forme physiquement, ce qui est essentiel pour affronter un emploi du temps chargé et exigeant. L'exercice régulier stimule la circulation sanguine, améliore la santé cardiovasculaire et renforce le système immunitaire, ce qui aide à maintenir une énergie et une concentration optimales tout au long de la journée.

Outre les bienfaits physiques, l'exercice a également un impact significatif sur la santé mentale. Il est bien établi que l'activité physique libère des endorphines, des substances chimiques qui favorisent une sensation de bien-être et qui aident à réduire le stress et l'anxiété. Pour des entrepreneurs et des leaders, qui sont souvent confrontés à des décisions difficiles et à des défis complexes, une bonne santé mentale est essentielle pour maintenir une prise de décision éclairée et une perspective positive.

Richard Branson a exprimé à maintes reprises à quel point l'exercice régulier est une partie intégrante de sa routine quotidienne. Il considère son temps d'entraînement comme un moment pour se ressourcer et se recentrer, lui permettant ainsi d'aborder les défis avec calme et détermination.

En conclusion, l'exercice régulier est une habitude cruciale pour maintenir la forme physique et mentale, favoriser une prise de décision éclairée et affronter les défis de la vie professionnelle avec confiance. Inspiré par des leaders tels que Richard Branson, de plus en plus de dirigeants intègrent l'exercice dans leur emploi du temps chargé, reconnaissant les bienfaits durables que cela apporte à leur réussite globale et à leur bien-être personnel.

4. Lire beaucoup, souvent des livres variés, pour l'apprentissage continu.

Au-delà de leurs réussites financières éclatantes, de nombreux milliardaires et leaders prospères partagent une habitude commune qui a contribué à façonner leur succès : la lecture. Parmi eux, des personnalités emblématiques telles que Warren Buffett, Mark Zuckerberg, Oprah Winfrey, Elon Musk, Jeff Bezos et Bill Ackman se distinguent par leur passion pour la lecture et leur engagement envers l'apprentissage continu.

Warren Buffett : Le légendaire investisseur et PDG de Berkshire Hathaway est un lecteur avide. Il a été rapporté qu'il consacre jusqu'à 80% de son temps à la lecture. Buffett est connu pour sa vaste connaissance des marchés financiers et de l'économie, et il attribue en grande partie sa réussite à sa passion pour la lecture.

Mark Zuckerberg : Le fondateur et PDG de Facebook est également un fervent lecteur. Il a lancé un club de lecture en ligne appelé "A Year of Books" dans lequel il recommandait des livres à lire et invitait les membres de la communauté Facebook à les lire et à discuter de leurs idées.

Oprah Winfrey : En plus d'être une personnalité médiatique influente, Oprah est une fervente lectrice. Elle a un club de lecture depuis de nombreuses années, "Oprah's Book Club", dans lequel elle recommande des livres et les discute avec ses téléspectateurs.

Elon Musk : Le PDG de Tesla et SpaceX est connu pour sa passion pour l'apprentissage et la lecture. Il est souvent vu en train de lire des livres variés sur des sujets allant de la science et la technologie à la science-fiction.

Jeff Bezos : L'ancien PDG d'Amazon, Jeff Bezos, est un autre milliardaire qui est un grand amateur de lecture. Il a également lancé une plateforme de recommandation de livres appelée "Bezos Expeditions", où il partage ses lectures préférées avec le public.

Bill Ackman : Le célèbre investisseur et gestionnaire de fonds spéculatifs est un grand lecteur, et il a déclaré que la lecture est l'un des moyens les plus importants pour lui d'acquérir de nouvelles connaissances et de perfectionner ses compétences en investissement.

Ces exemples illustrent comment la lecture est une habitude répandue parmi les milliardaires et les leaders prospères. La lecture leur permet d'élargir leurs horizons, de rester informés sur divers sujets, et de continuer à apprendre et à se développer tout au long de leur vie.

L'engagement envers la lecture régulière et diversifiée offre de multiples avantages. Elle permet aux leaders de gagner en perspicacité, d'améliorer leur prise de décision, et de faire des connexions entre des domaines apparemment distincts. Cette habitude nourrit leur esprit créatif, les aide à rester compétitifs dans leur domaine, et contribue à leur succès en tant que visionnaires et innovateurs.

En conclusion, la lecture est une pratique incontournable pour les milliardaires célèbres et les leaders prospères. Inspirés par leur exemple, de plus en plus de personnes reconnaissent le pouvoir de la lecture comme un moyen d'acquérir des connaissances, de stimuler leur croissance personnelle, et de réaliser leur plein potentiel dans la poursuite du succès.

5. Suivre un régime alimentaire sain pour une énergie optimale.

L'une des clés du succès des milliardaires et leaders prospères réside dans leur capacité à s'investir pleinement dans une alimentation saine pour nourrir leur corps et leur esprit. Parmi ces personnalités influentes, Richard Branson, le fondateur du groupe Virgin, se démarque par son engagement envers une alimentation équilibrée et nutritive qui lui confère une énergie optimale pour affronter les défis quotidiens.

Pour Richard Branson, une alimentation saine ne se limite pas à des choix alimentaires occasionnels, mais constitue une partie intégrante de son mode de vie. Il privilégie les aliments frais, non transformés, riches en nutriments essentiels, et évite les aliments malsains qui pourraient compromettre sa santé et son bien-être.

La force motrice derrière cette habitude est de maintenir un niveau d'énergie constant tout au long de la journée. En tant qu'entrepreneur énergique et aventurier intrépide, Branson sait que son corps est son atout le plus précieux. Une alimentation équilibrée lui fournit les nutriments nécessaires pour soutenir les fonctions cérébrales, favoriser la concentration et favoriser une prise de décision éclairée.

De par sa passion pour les aventures, Richard Branson s'est lancé dans des défis physiques audacieux tels que les traversées en montgolfière et en bateau. Un régime alimentaire sain lui a permis de maintenir une forme physique optimale et une endurance inébranlable, lui permettant ainsi de surmonter ces défis avec brio.

Outre les bienfaits physiques, une alimentation équilibrée a également un impact significatif sur la santé mentale. Des études ont révélé que certains aliments, tels que les fruits, les légumes, les noix et les poissons riches en acides gras oméga-3, peuvent contribuer à améliorer l'humeur et à réduire le stress. Pour un leader tel que Branson, dont la gestion éclairée et la créativité sont essentielles, cette approche s'avère bénéfique pour garder un esprit vif et serein face aux défis.

En adoptant un régime alimentaire sain, Richard Branson démontre l'importance d'investir dans sa santé à long terme. Une alimentation équilibrée et nutritive est un pilier fondamental pour maintenir un corps et un esprit sains, et pour rester performant et énergique dans un environnement exigeant.

En conclusion, nourrir son énergie par une alimentation saine est une habitude cruciale pour de nombreux milliardaires et leaders prospères, à l'instar de Richard Branson. Cette pratique leur permet de maintenir leur forme physique et mentale, d'optimiser leur performance, et de faire face aux défis avec résilience et détermination. Inspirés par leur exemple, de plus en plus de personnes reconnaissent l'importance de l'alimentation dans la poursuite du succès professionnel et personnel.

6. Fixer des objectifs clairs et réalisables.

La fixation d'objectifs clairs et réalisables est une habitude fondamentale partagée par de nombreux milliardaires et leaders prospères. Parmi eux, nous retrouvons Elon Musk, PDG de SpaceX et de Tesla, qui est reconnu pour son ambition démesurée et ses projets innovants. Cependant, derrière ses réalisations spectaculaires, se cache une approche méthodique de la définition des objectifs.

Elon Musk est connu pour établir des objectifs audacieux, mais également réalistes et réalisables. Il élaborera ensuite des plans détaillés pour les atteindre. Cette approche lui permet de garder le cap sur ses priorités et d'éviter de se disperser dans des projets non pertinents. En se fixant des objectifs clairs, il parvient à concentrer ses ressources et son énergie sur les projets les plus importants et les plus susceptibles d'avoir un impact significatif.

Outre l'avantage de maintenir le focus, la fixation d'objectifs clairs et réalisables permet également de mesurer les progrès et les performances. Elon Musk et d'autres leaders peuvent ainsi suivre leur avancement vers leurs objectifs, identifier les éventuels obstacles et prendre des mesures correctives lorsque cela est nécessaire.

En tant que chef d'entreprise visionnaire, Elon Musk a également la capacité d'inspirer son équipe en communiquant clairement les objectifs et la vision de l'entreprise. Cela crée un sentiment d'engagement et de motivation parmi les membres de l'équipe, qui se sentent investis dans la réalisation de ces objectifs ambitieux.

Une autre pratique importante d'Elon Musk est de fixer des délais réalistes pour l'atteinte de ses objectifs. Cette approche évite les retards inutiles et les pressions de dernière minute, tout en permettant de maintenir un rythme soutenu dans la réalisation des projets.

En définitive, la fixation d'objectifs clairs et réalisables est une habitude essentielle chez les milliardaires et leaders prospères comme Elon Musk. Cette approche méthodique permet de garder le focus, de mesurer les progrès, de mobiliser l'équipe, et de maintenir un rythme soutenu vers l'accomplissement de projets ambitieux. Inspirés par cet exemple, de plus en plus de personnes reconnaissent l'importance de définir des objectifs concrets et réalisables pour atteindre leurs aspirations professionnelles et personnelles.

7. Établir une routine quotidienne bien structurée.

L'établissement d'une routine quotidienne bien structurée est une habitude essentielle adoptée par de nombreux milliardaires et leaders prospères pour optimiser leur productivité et leur bien-être. Parmi ces personnalités influentes figure Jeff Bezos, fondateur d'Amazon, qui est réputé pour sa gestion minutieuse du temps et sa capacité à suivre une routine cohérente.

Pour Jeff Bezos, une routine quotidienne bien structurée est un moyen de maximiser son efficacité et de rester concentré sur ses objectifs. Il commence généralement sa journée en se réveillant tôt le matin, ce qui lui permet de disposer d'un temps précieux pour planifier sa journée à venir.

La première chose qu'il fait est de consacrer du temps à la réflexion et à la prise de décision importante. Il accorde une attention particulière aux tâches les plus stratégiques et aux défis à relever, ce qui lui permet de donner la priorité aux activités qui auront le plus grand impact sur son entreprise.

Une fois sa matinée planifiée, Jeff Bezos se consacre à l'exercice physique. Il croit fermement que la santé physique est essentielle pour maintenir un esprit vif et une énergie optimale. Cette pratique l'aide à démarrer la journée avec vitalité et à se sentir prêt à affronter les défis qui l'attendent.

Bezos accorde également une grande importance à la gestion du temps pendant sa journée de travail. Il est réputé pour ses réunions efficaces et son emploi du temps bien organisé, ce qui lui permet de maximiser la productivité de son temps de travail.

Une autre partie de la routine bien structurée de Jeff Bezos est la déconnexion régulière du travail pour se consacrer à des activités personnelles et familiales. Il estime que le temps passé en dehors du travail est essentiel pour se ressourcer et maintenir un équilibre entre vie professionnelle et vie privée.

En fin de journée, Bezos prend le temps de réfléchir sur les événements de la journée et d'établir des plans pour le lendemain. Cette pratique lui permet de tirer des leçons de ses expériences passées et de continuer à s'améliorer en tant que leader.

En conclusion, l'établissement d'une routine quotidienne bien structurée est une habitude cruciale pour de nombreux milliardaires et leaders prospères, dont Jeff Bezos. Cette pratique leur permet d'optimiser leur productivité, de maintenir leur bien-être et de garder le cap sur leurs objectifs. Inspirés par cet exemple, de plus en plus de personnes reconnaissent l'importance de créer des routines cohérentes pour atteindre leurs aspirations professionnelles et personnelles.

8. Prendre des risques calculés dans les affaires et les investissements.

Parmi les nombreuses habitudes partagées par les milliardaires et les leaders prospères, la prise de risques calculés se distingue comme une clé fondamentale de leur réussite. Warren Buffett, légendaire investisseur et PDG de Berkshire Hathaway, incarne parfaitement cette approche prudente mais audacieuse dans les affaires et les investissements.

Warren Buffett est célèbre pour sa devise bien connue : "Soyez craintif lorsque les autres sont avides, et avides lorsque les autres sont craintifs." Cette maxime reflète sa volonté de prendre des risques calculés en période de pessimisme sur les marchés, quand les actifs sont sous-évalués. Cependant, ces décisions ne sont jamais prises à la légère ; elles reposent sur une analyse minutieuse et une connaissance approfondie des fondamentaux de l'entreprise.

Avant de se lancer dans un investissement, Buffett étudie méticuleusement l'historique de performance de l'entreprise, ses perspectives à long terme et les risques potentiels. Cette approche basée sur les données lui permet de minimiser les risques tout en optimisant les opportunités de rendement élevé.

Outre l'analyse financière, Warren Buffett croit fermement en l'importance de l'éducation financière. Il encourage les investisseurs à développer une compréhension solide des principes fondamentaux de l'investissement et des marchés financiers. Cette connaissance approfondie lui permet de prendre des décisions éclairées et de rester confiant dans ses choix d'investissement.

En affaires, Warren Buffett est également prêt à prendre des risques calculés pour développer son portefeuille d'entreprises. Cependant, ces décisions stratégiques sont étayées par une analyse rigoureuse des risques et des retours potentiels.

Buffett est conscient que tout investissement comporte un certain degré de risque, mais il croit fermement que la prudence et la diligence permettent de maximiser les chances de succès. Cette approche méthodique et éclairée l'a amené à établir sa réputation de leader avisé et prospère dans le monde des affaires.

En conclusion, la prise de risques calculés est une habitude essentielle des milliardaires et leaders prospères tels que Warren Buffett. Leur capacité à évaluer les opportunités, à minimiser les risques et à prendre des décisions éclairées leur permet de saisir des opportunités uniques et de bâtir un succès durable. Inspirés par cet exemple, de plus en plus de personnes reconnaissent l'importance de l'analyse approfondie et de la prudence dans leurs propres décisions financières et entrepreneuriales.

9. Chercher à résoudre les problèmes et à innover.

La recherche de solutions et l'innovation ont été des traits distinctifs de nombreux milliardaires et leaders prospères à travers l'histoire. Parmi eux, Steve Jobs, le co-fondateur d'Apple Inc., est un exemple captivant d'une mentalité axée sur la résolution de problèmes et l'innovation.

Tout au long de sa carrière, Steve Jobs a constamment cherché à résoudre des problèmes auxquels les consommateurs étaient confrontés. Il était animé par une passion pour rendre la technologie plus accessible, plus conviviale et plus esthétiquement agréable. Cette recherche inlassable de solutions a conduit à la création de produits révolutionnaires qui ont redéfini des industries entières.

L'innovation de Steve Jobs s'étendait bien au-delà de la technologie elle-même. Il était également un visionnaire en matière de conception et d'expérience utilisateur. Jobs était convaincu que l'esthétique et l'ergonomie étaient des éléments essentiels pour créer des produits qui marqueraient l'esprit des gens. C'est ainsi qu'il a conçu des appareils élégants, avec une interface intuitive, qui ont séduit un large public.

Un autre aspect clé de la recherche de solutions de Steve Jobs résidait dans sa capacité à anticiper les besoins futurs des consommateurs. Il était toujours en avance sur son temps et avait la capacité unique de prédire les tendances émergentes. Cela lui a permis de développer des produits innovants qui répondaient aux besoins latents du marché, comme l'iPod et l'iTunes, qui ont révolutionné l'industrie de la musique.

La détermination de Steve Jobs à résoudre les problèmes et à innover était également évidente dans sa façon de gérer les revers. Malgré certains échecs, il n'a jamais abandonné sa quête pour créer des produits de qualité exceptionnelle. Au contraire, il a utilisé ces échecs comme des opportunités d'apprentissage et de croissance, ce qui l'a rendu encore plus déterminé à réussir.

La recherche de solutions et l'innovation de Steve Jobs ont laissé un héritage indéniable dans le monde des affaires et de la technologie. Apple est devenue l'une des entreprises les plus prospères et les plus admirées au monde, et elle continue de redéfinir l'industrie grâce à son engagement continu envers l'innovation.

En somme, la recherche de solutions et l'innovation sont des habitudes inestimables chez les milliardaires et les leaders prospères, et Steve Jobs en est un exemple remarquable. Son esprit visionnaire, sa passion pour la résolution de problèmes et sa détermination à innover ont été les moteurs de son succès extraordinaire. Inspirés par son exemple, de plus en plus de personnes sont incitées à embrasser la créativité, la persévérance et la recherche continue de solutions pour réaliser leur plein potentiel et réaliser leurs aspirations les plus audacieuses.

10. Réseauter avec d'autres personnes influentes.

Le réseautage avec d'autres personnes influentes est une pratique essentielle adoptée par de nombreux milliardaires et leaders prospères pour renforcer leur influence, élargir leurs horizons et saisir de nouvelles opportunités. Parmi ces personnalités inspirantes, Oprah Winfrey, animatrice de télévision, productrice et philanthrope, est un exemple remarquable de l'importance du réseautage dans le parcours vers le succès.

Oprah est bien connue pour son talent de communicatrice et sa capacité à établir des liens avec des personnalités influentes du monde du divertissement, des affaires, de la politique et de la philanthropie. Son vaste réseau de contacts lui a ouvert des portes et lui a offert des opportunités uniques pour élargir son empire médiatique et s'impliquer dans des projets de bienfaisance qui lui tenaient à cœur.

Elle a su bâtir des relations solides avec des personnalités de premier plan, en les invitant à son émission de télévision et en collaborant avec eux sur des projets. Ces partenariats stratégiques lui ont permis de renforcer sa notoriété et d'accroître son influence dans l'industrie du divertissement.

En plus d'ouvrir de nouvelles opportunités professionnelles, le réseautage avec d'autres personnes influentes a également été bénéfique pour Oprah sur le plan personnel. Elle a noué des amitiés sincères avec des personnalités du monde des affaires et du divertissement, qui l'ont soutenue dans ses moments difficiles et ont été là pour la célébrer dans ses succès.

Elle a également utilisé son réseau pour promouvoir des causes sociales et des projets de bienfaisance qui lui tenaient à cœur. Son engagement dans des initiatives philanthropiques a été renforcé grâce aux partenariats qu'elle a établis avec d'autres personnalités influentes qui partageaient sa vision.

Le réseautage avec d'autres personnes influentes a également permis à la femme d'affaire d'apprendre de leurs expériences et de leurs perspectives. En établissant des liens avec des leaders chevronnés, elle a pu bénéficier de leurs conseils et de leurs connaissances, ce qui lui a été précieux pour la prise de décisions éclairées dans sa propre carrière et ses projets de vie.

Le réseautage avec d'autres personnes influentes est une habitude essentielle pour de nombreux milliardaires et leaders prospères. Cette pratique leur permet de renforcer leur influence, d'ouvrir de nouvelles opportunités, de nouer des amitiés sincères et de s'engager dans des initiatives philanthropiques significatives. Inspirés par cet exemple, de plus en plus de personnes reconnaissent l'importance du réseautage pour élargir leurs horizons, renforcer leur carrière et contribuer positivement à la société.

11. Apprendre de ses échecs et ne pas avoir peur d'échouer à nouveau.

Apprendre de ses échecs et ne pas avoir peur d'échouer à nouveau est une habitude vitale chez de nombreux milliardaires et leaders prospères, dont Elon

Musk, le visionnaire entrepreneur derrière SpaceX, Tesla et d'autres entreprises de pointe.

Musk est connu pour son approche audacieuse et visionnaire, mais il n'a pas été épargné par les échecs tout au long de sa carrière. Cependant, il considère chaque échec comme une opportunité d'apprentissage et de croissance, plutôt que comme une source de découragement.

Un exemple frappant de cette approche réside dans l'expérience de SpaceX. Au début, le lancement de SpaceX a été confronté à de nombreux revers, avec des explosions de fusées et des échecs de missions. Pourtant, Musk et son équipe ont persisté, en tirant des leçons de chaque échec et en améliorant continuellement leur technologie. Aujourd'hui, SpaceX est devenue une entreprise innovante et prospère, devenant le premier acteur privé à envoyer des astronautes dans l'espace.

De même, chez Tesla, Elon Musk a connu des difficultés financières et des retards dans la production de voitures électriques. Cependant, il n'a jamais perdu de vue sa vision de transformer l'industrie automobile. Il a appris des erreurs passées et a utilisé ces enseignements pour améliorer ses opérations et proposer des véhicules révolutionnaires qui ont changé la perception des voitures électriques dans le monde ontior.

Une des clés de cette mentalité face à l'échec est la capacité d'accepter la responsabilité de ses erreurs et de ne pas chercher de boucs émissaires. Musk croit fermement que la responsabilité personnelle est essentielle pour apprendre et grandir à partir d'échecs.

En apprenant de ses échecs, Elon Musk est devenu un leader encore plus résilient et persévérant. Il a démontré qu'être ouvert à l'échec était une partie inévitable du processus de réussite. Il encourage les autres à adopter cette mentalité en disant : *"Si vous ne réussissez pas à l'occasion, cela signifie que vous n'êtes pas innovant assez."*

Apprendre de ses échecs et ne pas avoir peur d'échouer à nouveau est une habitude cruciale chez les milliardaires et leaders prospères, tels qu'Elon Musk. Cette approche leur permet de surmonter les obstacles, de tirer des leçons de leurs erreurs et d'utiliser ces expériences pour innover et réussir. Inspirés par cet exemple, de plus en plus de personnes reconnaissent l'importance de la résilience et de l'apprentissage continu pour atteindre leurs objectifs les plus ambitieux.

12.Pratiquer la gratitude pour rester positif et reconnaissant.

Pratiquer la gratitude pour rester positif et reconnaissant est une habitude puissante adoptée par de nombreux milliardaires et leaders prospères, dont Richard Branson, le fondateur du Virgin Group.

Richard Branson est connu pour son énergie positive, son enthousiasme et son esprit visionnaire. Il attribue en grande partie son succès à sa pratique quotidienne de la gratitude. Branson commence généralement sa journée en prenant quelques instants pour réfléchir sur les choses pour lesquelles il est reconnaissant. Cela l'aide à se concentrer sur le positif et à aborder sa journée avec un état d'esprit positif.

La gratitude de Branson s'étend également à ses employés et ses partenaires commerciaux. Il est convaincu que reconnaître et apprécier le travail acharné et la contribution de son équipe est essentiel pour maintenir un environnement de travail positif et productif. Cette attitude renforce également les liens et la loyauté au sein de son organisation.

En dehors du travail, Richard Branson exprime également sa gratitude en s'engageant activement dans des initiatives philanthropiques. Il croit fermement en la responsabilité sociale des entreprises et en la nécessité de redonner à la société. Cela lui permet de s'impliquer dans des projets qui ont un impact positif sur les communautés et les causes qu'il soutient.

La pratique de la gratitude a également un effet bénéfique sur la santé mentale et émotionnelle de Branson. En étant reconnaissant, il peut mieux gérer le stress et les défis, ce qui lui permet de rester concentré et résilient dans les moments difficiles.

Branson encourage les autres à adopter une attitude de gratitude, en disant : "*Être reconnaissant pour ce que vous avez aujourd'hui est le meilleur moyen d'être prêt pour ce que vous voudrez demain.*"

La pratique de la gratitude pour rester positif et reconnaissant est une habitude précieuse chez les milliardaires et leaders prospères, comme Richard Branson. Cela les aide à maintenir un état d'esprit positif, à apprécier les contributions de leur équipe et à s'impliquer dans des initiatives philanthropiques significatives. Inspirés par cet exemple, de plus en plus de personnes reconnaissent l'importance de la gratitude pour cultiver un esprit positif et prospère dans leur vie personnelle et professionnelle.

13. Garder un journal pour réfléchir et se concentrer sur les objectifs.

Garder un journal pour réfléchir et se concentrer sur les objectifs est une habitude répandue parmi les milliardaires et les leaders prospères, dont Bill Gates, le co-fondateur de Microsoft et philanthrope renommé.

Le PDG est un fervent partisan de la tenue d'un journal personnel. Il attribue une grande partie de son succès à cette pratique, qui lui permet de réfléchir de manière approfondie, d'évaluer ses progrès et de rester concentré sur ses objectifs.

Chaque jour, Gates consacre du temps à écrire dans son journal, où il note ses réflexions sur les événements importants de la journée, ses défis actuels, et les leçons qu'il a apprises. Cette pratique de réflexion l'aide à tirer des enseignements de ses expériences et à identifier les domaines dans lesquels il peut s'améliorer.

Le journal de Bill Gates est également un moyen de suivre ses objectifs à long terme. Il fixe des objectifs clairs et spécifiques, puis utilise son journal pour évaluer régulièrement ses progrès vers leur réalisation. Cette approche lui permet de rester concentré et motivé dans la poursuite de ses aspirations personnelles et professionnelles.

En plus d'être un outil de réflexion et de suivi des objectifs, le journal de Gates est un espace pour exprimer sa créativité et ses idées. Il utilise ce journal comme un moyen de stimuler sa pensée et d'explorer de nouvelles opportunités pour l'avenir.

La pratique du journal personnel a également un effet thérapeutique pour Gates, en lui permettant de libérer ses émotions et de faire face au stress associé à son rôle de leader et de philanthrope.

Bill Gates encourage les autres à tenir un journal, en disant : *"Je pense que tout le monde devrait tenir un journal, car cela est vraiment bénéfique pour clarifier ses pensées et pour réfléchir."*

En sommes, garder un journal pour réfléchir et se concentrer sur les objectifs est une habitude précieuse des milliardaires et leaders prospères, tels que Bill Gates. Cette pratique leur permet de réfléchir de manière approfondie, de suivre leurs objectifs, et de stimuler leur créativité. Inspirés par cet exemple, de plus en plus de personnes reconnaissent l'importance de tenir un journal pour favoriser la réflexion, la croissance personnelle, et l'accomplissement de leurs aspirations les plus profondes.

14. Suivre les tendances économiques et les marchés financiers.

Suivre les tendances économiques et les marchés financiers est une habitude cruciale chez de nombreux milliardaires et leaders prospères, tels que Warren Buffett et George Soros.

Warren Buffett, considéré comme l'un des plus grands investisseurs de tous les temps, est connu pour son expertise dans l'analyse des tendances économiques et financières. Il consacre une grande partie de son temps à étudier les données économiques, les rapports financiers des entreprises et les mouvements des marchés. Cette connaissance approfondie lui permet de prendre des décisions d'investissement éclairées et de saisir des opportunités lucratives.

Buffett croit fermement en la nécessité de comprendre les fondamentaux des entreprises dans lesquelles il investit, ainsi que les facteurs macroéconomiques qui peuvent influencer leur performance. Il estime que cette compréhension approfondie est essentielle pour éviter les erreurs coûteuses et réaliser des investissements prospères à long terme.

De même, George Soros, un investisseur renommé et philanthrope, est connu pour sa capacité à anticiper et à profiter des tendances économiques mondiales. Il est réputé pour ses mouvements stratégiques sur les marchés financiers et sa capacité à identifier les opportunités de croissance dans des situations économiques complexes.

Ces milliardaires et leaders prospères suivent de près les indicateurs économiques, tels que le PIB, l'inflation, le chômage et les taux d'intérêt, ainsi que les développements géopolitiques qui peuvent avoir un impact sur les marchés financiers. Cette vigilance leur permet de prendre des décisions éclairées et de réagir rapidement aux changements économiques pour protéger et augmenter leur patrimoine.

Suivre les tendances économiques et les marchés financiers leur permet également de repérer des opportunités d'investissement dans des secteurs en croissance ou de se protéger contre les risques potentiels de volatilité sur les marchés.

En conclusion, suivre les tendances économiques et les marchés financiers est une habitude essentielle chez les milliardaires et leaders prospères, tels que Warren Buffett et George Soros. Cette pratique leur permet de prendre des décisions d'investissement éclairées, d'anticiper les opportunités et les risques, et de réaliser des succès financiers durables. Inspirés par leur exemple, de plus en plus de personnes reconnaissent l'importance de se tenir informées sur l'économic et les marchés pour prendre des décisions financières éclairées dans leur propre vie.

15. Éviter les dettes inutiles et gérer ses finances avec prudence.

Éviter les dettes inutiles et gérer ses finances avec prudence sont des habitudes financières essentielles chez de nombreux milliardaires et leaders prospères, dont Mark Cuban, entrepreneur, investisseur et propriétaire d'équipe sportive.

Cuban est un fervent défenseur de la gestion prudente des finances personnelles et professionnelles. Il croit fermement en l'importance d'éviter les dettes inutiles et de vivre en deçà de ses moyens. Avant de prendre des risques financiers, il s'assure toujours d'avoir une marge de sécurité pour faire face aux imprévus.

Cette prudence financière a joué un rôle clé dans le succès du businessman. Au début de sa carrière, il a fondé une société informatique, MicroSolutions, qu'il a revendue pour plusieurs millions de dollars. Plutôt que de dépenser cette somme, il a choisi d'investir judicieusement dans de nouvelles opportunités d'affaires, ce qui l'a aidé à bâtir sa fortune.

En tant qu'investisseur, Mark Cuban est également attentif aux risques associés à l'endettement excessif. Il recommande aux entrepreneurs et aux investisseurs d'éviter de s'endetter pour financer des projets risqués, car cela peut mettre en péril leur stabilité financière.

Au-delà des entreprises, le CEO applique cette même prudence à sa vie personnelle. Il encourage les gens à ne pas s'endetter pour des biens de consommation luxueux, mais plutôt à épargner et à investir pour atteindre des objectifs financiers à long terme.

Une autre facette de cette prudence financière est l'importance d'avoir un plan budgétaire solide. Mark Cuban est connu pour son suivi rigoureux de ses dépenses et de ses investissements. Il estime que la discipline financière est la clé pour rester en contrôle de ses finances et éviter les dépenses inutiles.

Eviter les dettes inutiles et gérer ses finances avec prudence sont des habitudes essentielles chez les milliardaires et leaders prospères, dont Mark Cuban. Cette approche prudente leur permet de protéger leur patrimoine, de saisir les opportunités d'investissement et de construire un avenir financier solide. Inspirés par cet exemple, de plus en plus de personnes reconnaissent l'importance de la gestion financière responsable pour atteindre la stabilité et le succès dans leurs propres vies.

16. S'entourer de personnes intelligentes et compétentes.

S'entourer de personnes intelligentes et compétentes est une habitude inestimable chez de nombreux milliardaires et leaders prospères, dont Jeff Bezos, le fondateur d'Amazon.

Jeff Bezos est connu pour son intelligence aiguisée et sa vision stratégique. Il attribue une grande partie de son succès à sa capacité à s'entourer de collaborateurs talentueux et compétents. Il croit fermement que l'équipe avec laquelle on travaille est l'un des facteurs clés pour construire une entreprise prospère et innovante.

Lorsqu'il a fondé Amazon en 1994, Jeff Bezos a recruté des personnes hautement qualifiées dans divers domaines, allant de la technologie à la logistique en passant par le marketing. Il recherchait des individus qui partageaient sa passion pour l'innovation et son engagement envers l'excellence. Cette approche a permis à Amazon de développer des solutions innovantes, telles que l'utilisation de l'intelligence artificielle pour anticiper les besoins des clients et optimiser la logistique.

Le patron d'Amazon encourage également la diversité au sein de son équipe, en reconnaissant la valeur de perspectives variées pour stimuler la créativité et la prise de décision. Il estime que des points de vue différents permettent d'identifier des opportunités uniques et d'apporter des solutions novatrices aux défis commerciaux.

En plus de s'entourer de collaborateurs compétents, Bezos valorise également les conseils de mentors et d'experts dans des domaines clés. Il est ouvert à l'apprentissage constant et sollicite activement des retours d'informations pour continuellement améliorer ses stratégies et ses prises de décision.

Cette approche de s'entourer de personnes intelligentes et compétentes est également partagée par d'autres milliardaires et leaders prospères. Ils reconnaissent que l'entourage influence grandement leur réussite et que collaborer avec des esprits brillants peut débloquer des potentiels insoupçonnés.

S'entourer de personnes intelligentes et compétentes est une habitude précieuse chez les milliardaires et leaders prospères, dont Jeff Bezos. Cette approche leur permet de constituer des équipes hautement performantes, de stimuler l'innovation et d'atteindre des objectifs ambitieux. Inspirés par cet exemple, de plus en plus de personnes reconnaissent l'importance de créer un environnement professionnel dynamique et stimulant pour favoriser la réussite et la croissance personnelle.

17.Consacrer du temps à la philanthropie et à la responsabilité sociale.

Consacrer du temps à la philanthropie et à la responsabilité sociale est une habitude profondément ancrée chez de nombreux milliardaires et leaders prospères, dont Bill Gates et Melinda Gates, les co-fondateurs de la Bill & Melinda Gates Foundation.

Bill et Melinda Gates sont de fervents défenseurs de la philanthropie en tant que moyen de redonner à la société et de résoudre certains des problèmes les plus pressants de notre monde. Après avoir atteint un immense succès dans le domaine de la technologie, ils ont choisi de consacrer une grande partie de leur fortune à des initiatives philanthropiques qui ont un impact positif sur la santé mondiale, l'éducation et la réduction de la pauvreté.

À travers leur fondation, les Gates ont soutenu de nombreux projets et initiatives, notamment la lutte contre les maladies infectieuses telles que le VIH/sida, le paludisme et la polio. Leur engagement à améliorer la santé mondiale a sauvé des millions de vies et a contribué à éliminer des maladies dans certaines régions du monde.

En plus de leur travail dans le domaine de la santé, les Gates sont également investis dans l'éducation, en mettant l'accent sur l'amélioration de l'accès à l'éducation de qualité pour les populations défavorisées. Ils croient que l'éducation est un levier puissant pour briser le cycle de la pauvreté et donner aux individus les outils nécessaires pour réussir.

Le couple Gates est un exemple éloquent de la responsabilité sociale chez les milliardaires. Ils reconnaissent leur privilège et leur responsabilité envers la société, et ils sont déterminés à utiliser leur influence pour créer un impact positif et durable.

De nombreux autres milliardaires et leaders prospères suivent également cet exemple et consacrent du temps et des ressources à des causes philanthropiques qui leur tiennent à cœur. Ils s'engagent à améliorer les conditions de vie de millions de personnes et à laisser un héritage qui va au-delà de leurs réalisations financières.

Consacrer du temps à la philanthropie et à la responsabilité sociale est une habitude précieuse chez les milliardaires et leaders prospères, dont Bill et Melinda Gates. Cette pratique leur permet de donner un sens plus profond à leur réussite en utilisant leur fortune et leur influence pour aider les autres et améliorer la société. Inspirés par cet exemple, de plus en plus de personnes reconnaissent l'importance de la philanthropie et de la responsabilité sociale pour créer un monde meilleur et plus équitable.

18. Prendre des décisions rapides et efficaces.

Prendre des décisions rapides et efficaces est une compétence essentielle chez les milliardaires et leaders prospères, qui évoluent dans des environnements hautement concurrentiels et en constante évolution. Elon Musk, en particulier, est un exemple emblématique de la manière dont cette habitude peut jouer un rôle déterminant dans le succès d'une entreprise et dans la réalisation d'objectifs ambitieux.

Pour Musk, la rapidité de prise de décision est liée à son esprit visionnaire et à son audace entrepreneuriale. Il est connu pour ses projets ambitieux, tels que la colonisation de Mars avec SpaceX ou la transition mondiale vers les véhicules électriques avec Tesla. Face à de tels défis, il est nécessaire de prendre rapidement des décisions cruciales pour faire avancer ces initiatives révolutionnaires.

Musk a également le courage de prendre des décisions risquées. Par exemple, lorsqu'il a décidé de construire la Gigafactory de Tesla, la plus grande usine de batteries au monde, beaucoup ont remis en question sa décision. Cependant, cette décision audacieuse a permis à Tesla de réduire considérablement les coûts de production et d'accélérer la disponibilité des voitures électriques.

Mais la rapidité de prise de décision de Musk ne repose pas uniquement sur son intuition et son instinct. Il est également un grand adepte de l'analyse de données et de l'apprentissage continu. En utilisant des données et des modèles prédictifs, il prend des décisions éclairées basées sur des informations factuelles, ce qui augmente les chances de réussite de ses projets.

Pour réussir à prendre des décisions rapides, le truculant chef d'entreprise se fie également à son équipe de collaborateurs talentueux. Il a construit des équipes hautement performantes chez SpaceX et Tesla, qui partagent sa vision et peuvent contribuer aux prises de décision rapides et efficaces. La délégation de responsabilités à des experts dans leurs domaines respectifs permet de gagner en agilité et d'accélérer la prise de décision.

Cependant, prendre des décisions rapides ne signifie pas que tout se fait sans évaluation des risques. Musk est conscient des conséquences de ses décisions et reconnaît qu'il peut y avoir des erreurs en cours de route. En cas de problème, il n'hésite pas à réévaluer et à ajuster ses stratégies pour corriger le tir.

En conclusion, prendre des décisions rapides et efficaces est une habitude essentielle chez les milliardaires et leaders prospères comme Elon Musk. Cette compétence leur permet de saisir les opportunités, de faire face rapidement aux défis et de rester à la pointe de l'innovation. Cependant, cette rapidité de décision ne se fait pas au détriment de la réflexion et de l'analyse, mais s'appuie sur des données, des talents et une vision audacieuse pour mener à bien des projets ambitieux. Inspirés par cet exemple, de plus en plus de personnes reconnaissent l'importance de la prise de décision rapide et éclairée pour réussir dans leurs entreprises et leurs objectifs personnels.

19. Réduire le temps passé à regarder la télévision ou à surfer sur Internet sans but précis.

Réduire le temps passé à regarder la télévision ou à surfer sur Internet sans but précis est une habitude importante chez de nombreux milliardaires et leaders prospères, dont Mark Zuckerberg, le co-fondateur et PDG de Facebook.

Le CEO de Facebook est un fervent défenseur de l'utilisation intentionnelle de la technologie. Il croit que le temps est l'une des ressources les plus précieuses et qu'il est essentiel de l'utiliser de manière judicieuse pour atteindre ses objectifs et réaliser son potentiel. Par conséquent, il limite consciemment le temps passé à regarder la télévision ou à surfer sur Internet sans but précis.

En tant que leader d'une entreprise technologique, Zuckerberg comprend bien les effets de l'utilisation excessive des médias sociaux et de la consommation passive de contenu en ligne. Il encourage les utilisateurs à être conscients de leur comportement en ligne et à utiliser les plateformes numériques de manière constructive.

Pour lui, il est important de se concentrer sur des activités qui nourrissent l'esprit, stimulent la créativité et favorisent l'apprentissage. Cela inclut la lecture de livres pertinents, la participation à des discussions intellectuelles et la recherche de nouvelles connaissances pour rester en phase avec l'évolution du monde.

En réduisant le temps consacré à des activités de divertissement passif, Zuckerberg se donne davantage de temps pour se concentrer sur son travail, sa famille et ses autres intérêts personnels. Cette gestion consciente du temps lui permet de rester productif et de continuer à innover dans son rôle de leader technologique.

D'autres milliardaires et leaders prospères partagent également cette vision. Ils considèrent leur temps comme une ressource limitée et précieuse, qu'ils ne veulent pas gaspiller en distractions inutiles. En réduisant la dépendance aux écrans et en évitant la surconsommation de contenu en ligne, ils se donnent la possibilité de se concentrer sur les activités qui contribuent à leur développement personnel et professionnel.

En conclusion, réduire le temps passé à regarder la télévision ou à surfer sur Internet sans but précis est une habitude clé chez les milliardaires et leaders prospères, dont Mark Zuckerberg. Cette pratique leur permet de gérer leur temps de manière plus efficace, de se concentrer sur des activités enrichissantes et de réaliser leur potentiel. Inspirés par cet exemple, de plus en plus de personnes reconnaissent l'importance de faire preuve de discernement dans l'utilisation des médias et du temps pour atteindre leurs objectifs et mener une vie épanouissante.

20. Éviter les distractions inutiles et se concentrer sur les tâches importantes.

Éviter les distractions inutiles et se concentrer sur les tâches importantes est une habitude fondamentale chez de nombreux milliardaires et leaders prospères, dont Bill Gates, le co-fondateur de Microsoft et l'un des hommes les plus riches du monde.

Le patron de Microsoft est un adepte de la gestion du temps et de la concentration sur les tâches essentielles. Il attribue une grande partie de son succès à sa capacité à éliminer les distractions inutiles et à se focaliser sur ses priorités. Pour lui, la productivité et l'efficacité sont étroitement liées à la manière dont on gère son temps et sa concentration.

Dans son travail chez Microsoft, Gates était connu pour bloquer des périodes de temps sans interruption pour se plonger dans la résolution de problèmes complexes ou pour planifier la direction stratégique de l'entreprise. Cette discipline lui permettait de se concentrer profondément sur les tâches les plus importantes, ce qui a grandement contribué à la réussite de Microsoft en tant que leader de l'industrie technologique.

En dehors du travail, Gates applique la même rigueur pour gérer son temps et éviter les distractions. Il limite son temps sur les réseaux sociaux et les médias pour éviter de se laisser emporter par des informations non pertinentes. À la place, il privilégie la lecture de livres et d'articles qui enrichissent ses connaissances et stimulent sa réflexion.

Cette approche de gestion du temps est également partagée par d'autres milliardaires et leaders prospères. Ils reconnaissent que la capacité de se concentrer sur les tâches importantes est essentielle pour prendre des décisions éclairées, résoudre les problèmes de manière efficace et mener des projets à bien.

Pour éviter les distractions, certains leaders adoptent des pratiques telles que la méditation, la gestion proactive de leur emploi du temps et la délégation de tâches moins importantes. Ils créent également des environnements de travail propices à la concentration, en minimisant les interruptions et en favorisant des espaces calmes et inspirants.

En sommes, éviter les distractions inutiles et se concentrer sur les tâches importantes est une habitude cruciale chez les milliardaires et leaders prospères, dont Bill Gates. Cette pratique leur permet de maximiser leur productivité, de prendre des décisions éclairées et de réaliser leurs objectifs ambitieux. Inspirés par cet exemple, de plus en plus de personnes reconnaissent l'importance de la gestion du temps et de la concentration pour réussir dans leur vie personnelle et professionnelle.

21.Chercher des mentors pour guider et conseiller.

Chercher des mentors pour guider et conseiller est une habitude inestimable chez de nombreux milliardaires et leaders prospères. Ces personnes influentes comprennent que la réussite n'est pas le fruit du hasard, mais résulte souvent de l'apprentissage auprès de personnes ayant déjà parcouru un chemin similaire.

Un exemple éloquent est Richard Branson, le fondateur du Virgin Group. Branson a souvent parlé de l'importance des mentors dans son parcours entrepreneurial. L'un de ses mentors les plus influents a été Sir Freddie Laker, un pionnier de l'industrie aérienne. Lorsque Branson cherchait des conseils pour lancer sa propre compagnie aérienne, il a trouvé en Laker un mentor qui lui a offert des conseils précieux et une perspective éclairée sur l'industrie. Cette relation de mentorat a eu un impact significatif sur la croissance et le succès ultérieur de Virgin Atlantic.

Les mentors offrent un mélange précieux d'expérience, de connaissances et de perspicacité. Ils peuvent aider à éviter des erreurs coûteuses, offrir des conseils pratiques pour surmonter les obstacles, et apporter une vision globale du marché et de l'industrie. Les mentors peuvent également jouer un rôle essentiel en fournissant un soutien émotionnel et en inspirant leurs protégés à dépasser leurs limites.

Cependant, trouver un mentor approprié peut être un défi. Certains milliardaires et leaders prospères recommandent de chercher des mentors dans leur propre réseau professionnel, lors de conférences ou d'événements de réseautage. Il est essentiel d'établir une relation de mentorat mutuellement bénéfique, où l'échange de connaissances et d'expérience est valorisé des deux côtés.

De plus, le mentorat ne doit pas être une relation à sens unique. Les leaders prospères, tout comme Oprah Winfrey, peuvent également jouer un rôle de mentor pour les autres. Ils comprennent que partager leurs expériences et aider les autres à grandir est gratifiant et peut avoir un impact positif sur la société dans son ensemble.

En conclusion, chercher des mentors pour guider et conseiller est une habitude inestimable chez les milliardaires et leaders prospères, tels que Richard

Branson. Ces mentors offrent des conseils précieux, soutiennent le développement professionnel et personnel, et contribuent à la réussite durable de ceux qui les recherchent. Inspirés par cet exemple, de plus en plus de personnes reconnaissent l'importance du mentorat dans leur parcours vers le succès, et cherchent activement à établir des relations significatives avec des mentors pour s'élever vers de nouveaux sommets.

22.Pratiquer la persévérance face aux obstacles.

Pratiquer la persévérance face aux obstacles est une habitude essentielle chez de nombreux milliardaires et leaders prospères, dont Elon Musk, le visionnaire entrepreneur à la tête de SpaceX et Tesla.

Elon Musk est bien conscient que le chemin vers le succès est rarement un parcours sans embûches. Au cours de sa carrière, il a été confronté à d'innombrables défis et obstacles. Pourtant, sa persévérance inébranlable lui a permis de surmonter ces difficultés et de transformer des rêves audacieux en réalité.

Lorsqu'il a fondé SpaceX, Musk s'est fixé l'objectif ambitieux de réduire le coût des voyages spatiaux pour rendre l'exploration spatiale plus accessible. Cependant, le chemin vers la réussite a été parsemé d'essais et d'échecs. Plusieurs lancements de fusées ont échoué avant que SpaceX ne réussisse finalement à envoyer des missions dans l'espace. Pourtant, Musk a persévéré, apprenant de chaque échec et affinant continuellement ses méthodes.

De même, chez Tesla, la production de voitures électriques à grande échelle s'est heurtée à de nombreux obstacles techniques et logistiques. Musk a dû faire face à des critiques et à des doutes quant à la viabilité de l'entreprise. Cependant, il a persévéré dans sa vision de révolutionner l'industrie automobile et a réussi à faire de Tesla l'un des leaders mondiaux des véhicules électriques.

La persévérance est également une caractéristique partagée par d'autres milliardaires et leaders prospères. Ils comprennent que l'échec fait partie intégrante du processus d'apprentissage et qu'il est essentiel de faire preuve de résilience pour continuer à avancer malgré les revers.

Pour cultiver la persévérance, les leaders prospères s'appuient souvent sur leur passion et leur vision. Ils croient fermement en ce qu'ils entreprennent et sont motivés par un objectif plus grand que les difficultés immédiates. Ils restent concentrés sur leur vision à long terme et sont prêts à affronter les défis avec détermination.

En conclusion, pratiquer la persévérance face aux obstacles est une habitude essentielle chez les milliardaires et leaders prospères, dont Elon Musk. Cette qualité leur permet de surmonter les échecs, de rester déterminés dans la poursuite de leurs objectifs et de transformer des rêves ambitieux en réalité. Inspirés par cet exemple, de plus en plus de personnes reconnaissent l'importance de la persévérance dans leur parcours vers le succès, et adoptent cette mentalité résiliente pour surmonter les défis et réaliser leur plein potentiel.

23.Être discipliné dans la gestion du temps.

Être discipliné dans la gestion du temps est une habitude fondamentale chez de nombreux milliardaires et leaders prospères, dont Warren Buffett, l'investisseur légendaire et l'un des hommes les plus riches du monde.

Warren Buffett est connu pour sa discipline rigoureuse en matière de gestion du temps. Malgré son emploi du temps chargé et ses nombreuses responsabilités en tant que PDG de Berkshire Hathaway, il accorde une importance primordiale à la planification et à l'utilisation efficace de son temps.

Buffett reconnaît que le temps est une ressource limitée et qu'il est essentiel de l'utiliser de manière judicieuse. Il est très sélectif dans ses engagements et ne prend que des responsabilités qu'il peut assumer pleinement. Il évite les distractions inutiles et se concentre sur les tâches qui contribuent le plus à ses objectifs et à ceux de son entreprise.

En tant qu'investisseur chevronné, Buffett consacre également beaucoup de temps à la recherche et à l'analyse des opportunités d'investissement. Il lit énormément de rapports financiers et de livres pour rester informé sur les marchés et prendre des décisions éclairées. Sa discipline dans la gestion du temps lui permet de rester en avance sur les tendances économiques et de saisir les meilleures opportunités d'investissement.

La gestion disciplinée du temps est également une caractéristique partagée par d'autres milliardaires et leaders prospères. Ils reconnaissent que la discipline dans l'utilisation du temps est la clé pour rester concentré, productif et équilibré dans une vie professionnelle exigeante.

Pour gérer leur temps efficacement, ces leaders fixent des objectifs clairs et hiérarchisent leurs tâches en fonction de leur importance. Ils utilisent des outils de planification et de suivi, tels que des calendriers et des listes de tâches, pour rester organisés et ne pas se laisser déborder par les urgences.

En outre, la discipline dans la gestion du temps inclut également la capacité à définir des limites et à s'accorder des moments de repos et de détente. Ces leaders reconnaissent l'importance de prendre du recul pour se ressourcer et maintenir un niveau élevé de performance sur le long terme.

Donc, être discipliné dans la gestion du temps est une habitude fondamentale chez les milliardaires et leaders prospères, dont Warren Buffett. Cette pratique leur permet de rester concentrés sur leurs objectifs, de prendre des décisions éclairées et de maintenir un équilibre entre leur vie professionnelle et personnelle. Inspirés par cet exemple, de plus en plus de personnes reconnaissent l'importance de la discipline dans la gestion du temps pour atteindre l'excellence dans tous les aspects de leur vie.

24.Apprendre constamment et se former dans de nouveaux domaines.

Apprendre constamment et se former dans de nouveaux domaines est une habitude vitale chez de nombreux milliardaires et leaders prospères, dont Jeff Bezos, le fondateur d'Amazon, et l'un des entrepreneurs les plus réussis de notre époque.

Jeff Bezos est un fervent défenseur de l'apprentissage continu et considère que le savoir est une ressource précieuse qui doit être constamment enrichie. Même après avoir bâti l'une des plus grandes entreprises du monde, Bezos continue d'investir du temps et des ressources dans son propre développement intellectuel. Pour lui, l'apprentissage est un moyen essentiel d'entretenir sa curiosité et de rester à l'affût des tendances émergentes dans le monde des affaires et de la technologie.

Dans son rôle de leader chez Amazon, Bezos a toujours mis l'accent sur l'innovation et l'exploration de nouvelles idées. Il encourage ses employés à être curieux, à explorer de nouveaux domaines et à apprendre de leurs échecs. Cette culture de l'apprentissage a été l'un des facteurs clés du succès d'Amazon en tant qu'entreprise visionnaire. En encourageant la recherche et le développement, Amazon est devenue un pionnier dans de nombreux domaines, de l'intelligence artificielle à la livraison par drone, en repoussant les limites de la technologie et en redéfinissant l'expérience d'achat en ligne.

De plus, Bezos est un grand adepte de la lecture. Il a déclaré à plusieurs reprises qu'il lit énormément de livres, tant sur des sujets liés à son domaine d'activité que sur des sujets plus généraux. Cette pratique lui permet de rester informé sur les dernières tendances et les développements pertinents, et d'élargir sa compréhension du monde. Il a même été rapporté qu'il avait des sessions de lecture où il pouvait passer des heures à absorber de nouvelles connaissances et à assimiler des idées novatrices.

Outre Jeff Bezos, de nombreux autres milliardaires et leaders prospères s'engagent dans un apprentissage continu. Ils assistent à des conférences, suivent des cours en ligne, participent à des programmes de formation et recherchent activement des occasions de se former dans de nouveaux domaines. Pour eux, l'apprentissage est un investissement essentiel dans leur propre développement professionnel et personnel. Ils reconnaissent que la maîtrise de nouvelles compétences et connaissances est un moyen d'accroître leur valeur sur le marché et de rester pertinents dans un monde en constante évolution.

Cette habitude d'apprentissage constant leur permet de rester compétitifs dans un environnement en perpétuel changement. Ils comprennent que pour rester à la pointe de leur industrie et continuer à innover, ils doivent s'engager dans un processus d'apprentissage perpétuel. Cette mentalité d'apprenant perpétuel leur permet de se réinventer constamment, de surmonter les défis avec créativité et de saisir de nouvelles opportunités avec confiance.

Apprendre constamment et se former dans de nouveaux domaines est une habitude vitale chez les milliardaires et leaders prospères, dont Jeff Bezos. Cette pratique leur permet de rester à la pointe de leur industrie, de stimuler leur créativité et d'innover en permanence. Inspirés par cet exemple, de plus en plus de personnes reconnaissent l'importance de l'apprentissage continu pour développer leurs compétences, enrichir leur savoir et réaliser leur plein potentiel dans leur vie personnelle et professionnelle. En embrassant l'apprentissage continu, ils peuvent ouvrir de nouvelles perspectives, élargir leurs horizons et créer des opportunités sans fin pour se développer et réussir dans un monde en perpétuel changement.

25. Être ouvert au changement et à l'adaptation.

Être ouvert au changement et à l'adaptation est une habitude cruciale chez de nombreux milliardaires et leaders prospères. Ces visionnaires reconnaissent que l'évolution rapide de la société, de la technologie et des marchés exige une capacité constante à s'adapter. Un exemple frappant de cette mentalité est Satya Nadella, le PDG de Microsoft.

Lorsqu'il a pris les rênes de Microsoft en 2014, l'entreprise faisait face à des défis majeurs. Elle était confrontée à la montée en puissance des géants technologiques rivaux, et son modèle traditionnel basé sur les logiciels semblait de plus en plus obsolète. Pour réussir à relever ces défis, Nadella a choisi une approche radicalement nouvelle : il a encouragé une transformation culturelle au sein de l'entreprise, mettant l'accent sur l'innovation et l'ouverture au changement.

Il a rapidement compris que l'avenir de Microsoft résidait dans le cloud computing et les services. Pour s'adapter à ce nouveau paradigme, Nadella a pris des décisions audacieuses, y compris l'intégration de produits comme Office 365 et Azure, et en ouvrant l'écosystème de Microsoft à des développeurs tiers. Cette ouverture au changement a permis à Microsoft de se réinventer et de connaître une croissance significative.

De plus, Nadella a favorisé une culture d'entreprise qui encourageait l'expérimentation et la prise de risques calculés. Il a compris que pour innover, il était essentiel de ne pas craindre l'échec, mais plutôt de considérer les erreurs comme des opportunités d'apprentissage.

Cette approche a eu un impact profond sur Microsoft. L'entreprise est devenue plus agile, plus innovante et plus réceptive aux changements du marché. Elle a su adopter de nouvelles technologies et explorer de nouveaux marchés, renforçant ainsi sa position de leader dans l'industrie technologique.

L'ouverture au changement n'est pas seulement un trait de caractère de Nadella, mais également une caractéristique partagée par d'autres milliardaires et leaders prospères. Ils comprennent que pour rester compétitifs, ils doivent rester flexibles et adaptables face aux défis qui se présentent.

Pour être ouverts au changement, ces leaders cultivent une attitude d'apprenant perpétuel. Ils cherchent continuellement à acquérir de nouvelles compétences et connaissances, en suivant des formations, en lisant des ouvrages pertinents et en s'entourant d'experts dans divers domaines. Cette curiosité intellectuelle les aide à comprendre les tendances émergentes et à anticiper les opportunités futures.

Par conséquent, être ouvert au changement et à l'adaptation est une habitude cruciale chez les milliardaires et leaders prospères, dont Satya Nadella. Cette pratique leur permet de réinventer leur entreprise, de saisir de nouvelles opportunités et de prospérer dans un environnement en constante évolution. Inspirés par cet exemple, de plus en plus de personnes reconnaissent l'importance de l'ouverture au changement pour réussir dans leur vie personnelle et professionnelle. En embrassant le changement avec audace et en se tenant prêts à s'adapter, ils peuvent atteindre de nouveaux sommets et réaliser leur plein potentiel dans un monde en perpétuelle transformation.

26. Prendre des vacances régulières pour se ressourcer.

Prendre des vacances régulières pour se ressourcer est une habitude vitale chez de nombreux milliardaires et leaders prospères, dont Richard Branson, le fondateur du Virgin Group.

Richard Branson est un fervent partisan de l'équilibre entre travail et vie personnelle. Malgré son emploi du temps chargé et ses nombreuses responsabilités, il accorde une grande importance aux vacances et au temps de repos. Branson considère les vacances comme un moyen essentiel de se ressourcer, de se recentrer et de stimuler la créativité.

En tant qu'entrepreneur prolifique, Branson a réussi à bâtir un empire commercial diversifié. Cependant, il estime que le succès ne doit pas se faire au détriment de la santé physique et mentale. Il croit fermement que des vacances régulières permettent de prévenir l'épuisement professionnel et de maintenir une performance durable dans le monde des affaires.

Branson utilise souvent ses vacances pour se livrer à des activités audacieuses et exaltantes. Par exemple, il a traversé l'océan Atlantique en ballon à air chaud et a tenté de réaliser plusieurs records mondiaux. Ces aventures lui ont permis de se déconnecter du stress du travail, de renouer avec sa passion pour l'aventure et de revenir au travail avec une énergie renouvelée.

Outre Richard Branson, de nombreux autres milliardaires et leaders prospères comprennent l'importance de prendre des vacances régulières. Ils reconnaissent que les vacances offrent une occasion de se détendre, de passer du temps avec leur famille et leurs amis, et de se reconnecter avec leurs passions et leurs hobbies.

Prendre des vacances régulières peut également aider à favoriser la créativité et l'innovation. En se libérant temporairement des contraintes du travail, ces leaders peuvent laisser libre cours à leur imagination, faire de nouvelles découvertes et revenir avec de nouvelles idées pour leur entreprise.

En conclusion, prendre des vacances régulières pour se ressourcer est une habitude vitale chez les milliardaires et leaders prospères, dont Richard Branson. Cette pratique leur permet de maintenir un équilibre entre travail et vie personnelle, de prévenir l'épuisement professionnel et de stimuler la créativité. Inspirés par cet exemple, de plus en plus de personnes reconnaissent l'importance de prendre du temps pour se détendre, se reposer et se ressourcer afin de vivre une vie épanouie et réussie sur tous les fronts.

27.Éviter la procrastination et agir rapidement.

Éviter la procrastination et agir rapidement est une habitude cruciale chez de nombreux milliardaires et leaders prospères, dont Mark Zuckerberg, le fondateur de Facebook.

Zuckerberg est connu pour sa discipline en matière de gestion du temps et son aversion pour la procrastination. Il croit fermement à la valeur du temps et à l'importance d'agir rapidement pour saisir les opportunités. Cette approche proactive lui a permis de transformer une simple idée dans sa chambre d'université en un empire mondial des médias sociaux.

Lorsque Zuckerberg a lancé Facebook en 2004, il a su agir rapidement pour répondre aux besoins des utilisateurs et pour innover constamment. Il a constamment cherché à améliorer la plateforme, en écoutant les retours des utilisateurs et en prenant des décisions rapides pour répondre à leurs attentes.

Cette habitude d'agir rapidement est partagée par d'autres milliardaires et leaders prospères. Ils comprennent que le temps est une ressource précieuse et qu'il ne faut pas le gaspiller par la procrastination. Ils évitent de remettre à plus tard les tâches importantes et font preuve de réactivité pour saisir les opportunités dès qu'elles se présentent.

Agir rapidement peut également donner un avantage concurrentiel. Dans un monde des affaires en constante évolution, la capacité de prendre des décisions rapides et de s'adapter rapidement aux changements du marché peut faire la différence entre le succès et l'échec.

Pour éviter la procrastination, ces leaders utilisent souvent des techniques de gestion du temps telles que la planification minutieuse, la délégation efficace des tâches et l'utilisation d'outils de productivité. Ils fixent des échéances claires pour leurs objectifs et s'efforcent de les atteindre de manière proactive.

En outre, ils reconnaissent que la procrastination peut être liée à la peur de l'échec ou à la recherche de la perfection. Ils adoptent donc une mentalité de croissance qui leur permet de surmonter leurs craintes et de prendre des mesures sans attendre d'avoir toutes les réponses.

Retenons donc que d'éviter la procrastination et agir rapidement est une habitude cruciale chez les milliardaires et leaders prospères, dont Mark Zuckerberg. Cette pratique leur permet de saisir les opportunités, d'innover et de rester compétitifs dans un monde des affaires en perpétuelle évolution. Inspirés par cet exemple, de plus en plus de personnes reconnaissent l'importance d'agir de manière proactive pour atteindre leurs objectifs et réaliser leur plein potentiel dans leur vie personnelle et professionnelle. En évitant la procrastination et en adoptant une approche proactive, ils peuvent créer leur propre succès et laisser une empreinte durable dans le monde.

28. Apprécier et encourager la créativité.

Apprécier et encourager la créativité est une habitude essentielle chez de nombreux milliardaires et leaders prospères, dont Elon Musk, le visionnaire entrepreneur à la tête de SpaceX et Tesla.

Le milliardaire est un fervent partisan de la créativité et il reconnaît que l'innovation est la clé pour résoudre certains des problèmes les plus complexes du monde. Il encourage ses équipes à penser de manière créative et à repousser les limites de la technologie et de la science. Pour lui, la créativité est la force motrice qui permet de concevoir des solutions audacieuses et de réaliser des percées révolutionnaires.

Chez SpaceX, Musk a réuni certaines des meilleures esprits du monde pour travailler sur des projets ambitieux tels que les voyages spatiaux habités vers Mars. Il encourage ses ingénieurs et scientifiques à explorer de nouvelles idées, à ne pas avoir peur de l'échec et à embrasser une culture de l'expérimentation. Cette approche a permis à SpaceX de réaliser des progrès extraordinaires dans l'industrie spatiale, en développant des technologies de pointe et en réduisant considérablement le coût des lancements.

De même, chez Tesla, le CEO valorise la créativité et l'innovation pour repenser la mobilité et la durabilité environnementale. La conception des véhicules Tesla et le développement de nouvelles technologies automobiles témoignent de l'engagement de Musk envers la créativité.

La valorisation de la créativité est également une caractéristique partagée par d'autres milliardaires et leaders prospères. Ils reconnaissent que la créativité est la force motrice de l'innovation et de la croissance dans un monde en constante évolution.

Pour encourager la créativité, ces leaders créent souvent un environnement propice à l'expression des idées novatrices. Ils favorisent une culture de l'ouverture d'esprit, où les employés sont encouragés à apporter leur contribution et à explorer de nouvelles approches.

Ils reconnaissent également que la créativité peut être nourrie par des expériences diverses et des idées extérieures. C'est pourquoi ils encouragent la collaboration avec des partenaires externes, des start-ups et des experts dans divers domaines pour apporter des perspectives nouvelles et stimuler l'innovation.

En conclusion, apprécier et encourager la créativité est une habitude essentielle chez les milliardaires et leaders prospères, dont Elon Musk. Cette pratique leur permet de repousser les limites de l'innovation, de concevoir des solutions audacieuses et de réaliser des percées révolutionnaires. Inspirés par cet exemple, de plus en plus de personnes reconnaissent l'importance de la créativité pour résoudre les défis complexes de notre époque et pour façonner un avenir meilleur. En valorisant et en encourageant la créativité, ils peuvent apporter des changements positifs dans le monde et inspirer les générations futures à repousser les frontières du possible.

29. Éviter les comparaisons constantes avec les autres.

Éviter les comparaisons constantes avec les autres est une habitude cruciale chez de nombreux milliardaires et leaders prospères, dont Oprah Winfrey, l'icône des médias, philanthrope et entrepreneure de renom. Sa carrière exceptionnelle et son succès phénoménal sont le fruit d'un esprit indépendant et de la capacité de se concentrer sur son propre parcours sans se laisser distraire par les réussites ou les échecs des autres.

Oprah a souvent partagé son expérience personnelle et a parlé ouvertement de l'importance de se défaire des comparaisons incessantes. Malgré les obstacles auxquels elle a fait face en tant que femme afro-américaine dans une industrie médiatique dominée par les hommes, la milliardaire a choisi de tracer son propre chemin, de définir ses propres objectifs et de suivre sa voie unique vers le succès. En développant une forte résilience face aux pressions extérieures et en restant fidèle à ses valeurs et à sa vision, elle a réussi à devenir l'une des femmes les plus influentes et prospères de notre époque.

De même, de nombreux autres milliardaires et leaders prospères ont compris l'importance de se concentrer sur leur propre parcours sans se laisser submerger par les comparaisons avec les autres. Ils reconnaissent que chaque individu possède des talents, des expériences et des opportunités uniques, et que la clé du succès réside dans l'exploitation de ces aspects personnels pour créer leur propre voie vers l'excellence.

En évitant les comparaisons constantes, ces leaders se libèrent du fardeau des attentes extérieures et de la course effrénée pour rivaliser avec les autres. Ils préfèrent embrasser leur propre singularité et célébrer leurs forces, ce qui les rend plus confiants et authentiques dans leurs actions.

Cette approche leur permet également de cultiver une vision claire de leurs objectifs personnels et professionnels. En se détachant de l'influence des autres, ils peuvent se concentrer pleinement sur ce qu'ils veulent accomplir et définir leur propre chemin vers la réussite.

En conclusion, éviter les comparaisons constantes avec les autres est une habitude cruciale chez les milliardaires et leaders prospères, dont Oprah Winfrey. Cette pratique témoigne d'une forte intelligence émotionnelle, d'une confiance en soi profonde et d'une compréhension de l'importance de cultiver son propre potentiel. Inspirés par cet exemple, de plus en plus de personnes reconnaissent l'impact positif de se concentrer sur leur propre cheminement, de développer leur authenticité et d'explorer leur propre voie vers le succès. En choisissant de se libérer des comparaisons inutiles, ils peuvent embrasser leur unicité et transformer leur vie personnelle et professionnelle d'une manière qui reflète véritablement qui ils sont et ce qu'ils désirent accomplir.

30.Développer d'excellentes compétences en communication.

Développer d'excellentes compétences en communication est une habitude essentielle et incontournable chez de nombreux milliardaires et leaders prospères qui ont su forger leur succès dans des domaines variés. Parmi eux, se distingue Warren Buffett, l'une des icônes mondiales de l'investissement, dont la maîtrise de la communication a grandement contribué à son ascension vers le sommet de la réussite.

Warren Buffett, PDG de Berkshire Hathaway, est reconnu pour son style de communication simple, clair et accessible. Il utilise des mots et des concepts compréhensibles par tous, des investisseurs chevronnés aux novices en matière de finance, lui permettant ainsi de toucher un large public. Son aisance dans l'art de communiquer avec authenticité et précision est saluée par ses pairs et admirateurs, et il est souvent cité pour sa capacité à transformer des concepts complexes en idées faciles à assimiler.

Pour développer ses compétences en communication, Buffett a consacré du temps et des efforts à la pratique et à l'amélioration de ses capacités oratoires. Il n'a pas hésité à se former en participant à des cours de prise de parole en public et en lisant des ouvrages sur le sujet. Cela lui a permis de perfectionner son art et de devenir un orateur captivant, capable de transmettre des informations de manière convaincante et persuasive.

Au-delà de du grand financier, d'autres milliardaires et leaders prospères accordent également une grande importance au développement de leurs compétences en communication. Ils savent que pour réussir dans le monde des affaires et de la vie en général, il est essentiel de pouvoir communiquer efficacement avec leurs équipes, leurs partenaires commerciaux et les parties prenantes.

Ces leaders reconnaissent que la communication est un moyen puissant de partager leur vision, de motiver leurs équipes et d'influencer positivement les autres. Ils savent que des messages clairs et bien articulés sont plus susceptibles d'être entendus et compris, et qu'ils peuvent renforcer leur leadership en maîtrisant cet art.

Pour développer leurs compétences en communication, ces leaders pratiquent régulièrement l'écoute active pour comprendre les besoins et les préoccupations des autres. Ils sont conscients de l'importance d'exprimer leurs idées de manière concise et pertinente, en évitant les discours trop complexes qui pourraient perdre leur auditoire.

Ils utilisent également leur communication pour inspirer et motiver leurs équipes. En racontant des histoires inspirantes et en exprimant leur passion pour leur vision, ils peuvent susciter l'enthousiasme et l'engagement de ceux qui les entourent.

De plus, ces leaders savent que la communication ne se limite pas aux mots. Le langage corporel, les gestes et l'expression faciale jouent également un rôle important dans la transmission de messages. Ils veillent donc à adopter une posture ouverte et une présence confiante lorsqu'ils communiquent avec les autres.

En conclusion, développer d'excellentes compétences en communication est une habitude essentielle chez les milliardaires et leaders prospères. Warren Buffett en est un exemple frappant, ayant su maîtriser l'art de communiquer avec clarté et authenticité pour inspirer et influencer positivement son entourage. Inspirés par cet exemple, de plus en plus de personnes reconnaissent l'importance de développer leurs compétences en communication pour réussir dans leur vie personnelle et professionnelle. En perfectionnant cet art, ils peuvent accroître leur influence, renforcer leur leadership et réaliser leur plein potentiel dans un monde où la communication efficace est une compétence clé.

31.Garder un état d'esprit axé sur les solutions.

Garder un état d'esprit axé sur les solutions est une habitude essentielle chez de nombreux milliardaires et leaders prospères, dont Jeff Bezos, le fondateur et ancien PDG d'Amazon.

Jeff Bezos est reconnu pour sa capacité à aborder les problèmes avec une mentalité orientée vers les solutions. Il a toujours considéré les obstacles comme des opportunités pour innover et trouver des réponses créatives aux défis qui se présentent.

Lorsque Bezos a fondé Amazon en 1994, il était confronté à de nombreux défis dans l'industrie du commerce électronique naissant. Cependant, au lieu de se concentrer sur les difficultés, il a adopté une approche axée sur les solutions. Il a investi massivement dans la technologie et l'infrastructure pour améliorer l'expérience client, créer des solutions logistiques innovantes et offrir un service client de premier ordre.

Cette mentalité d'aborder les problèmes avec optimisme et détermination a été un moteur clé de la croissance spectaculaire d'Amazon au fil des ans. Bezos a toujours encouragé ses employés à rechercher des solutions créatives plutôt que de se concentrer sur les obstacles.

De même, de nombreux autres milliardaires et leaders prospères adoptent également cette approche. Ils comprennent que les problèmes font partie intégrante de la vie et des affaires, mais c'est la manière de les aborder qui fait toute la différence.

Au lieu de se laisser submerger par les problèmes, ces leaders cherchent activement des solutions. Ils sont ouverts aux idées nouvelles et innovantes, et n'hésitent pas à sortir des sentiers battus pour trouver des réponses uniques aux défis auxquels ils sont confrontés.

En gardant un état d'esprit axé sur les solutions, ces leaders inspirent également leur entourage à adopter une approche similaire. Ils encouragent leurs équipes à penser de manière créative, à surmonter les obstacles et à saisir les opportunités.

Cette mentalité axée sur les solutions leur permet également de transformer les échecs en opportunités d'apprentissage. Plutôt que de se décourager face aux revers, ils cherchent à comprendre les leçons à tirer des erreurs et à utiliser ces connaissances pour s'améliorer.

Rappelez-vous que de garder un état d'esprit axé sur les solutions est une habitude essentielle chez les milliardaires et leaders prospères, dont Jeff Bezos. Cette approche optimiste et déterminée face aux problèmes leur permet de transformer les défis en opportunités et de trouver des réponses créatives aux obstacles. Inspirés par cet exemple, de plus en plus de personnes reconnaissent l'importance de cultiver une mentalité orientée vers les solutions pour réussir dans leur vie personnelle et professionnelle. En adoptant cette approche, ils peuvent surmonter les obstacles avec confiance, innover et réaliser leur plein potentiel dans un monde en constante évolution.

32. Investir dans l'immobilier et d'autres actifs tangibles.

Investir dans l'immobilier et d'autres actifs tangibles est une habitude courante parmi de nombreux milliardaires et leaders prospères, car cela leur permet de diversifier leurs portefeuilles d'investissement et de générer des revenus passifs stables.

De nombreux milliardaires, dont Donald Trump, ont bâti une grande partie de leur fortune en investissant dans l'immobilier. L'immobilier offre un potentiel de rendement élevé, ainsi qu'une certaine sécurité en tant qu'actif tangible qui peut être utilisé et valorisé de différentes manières.

Les investisseurs immobiliers avertis choisissent des propriétés avec soin, en analysant attentivement le marché, les tendances de l'industrie et les perspectives d'appréciation à long terme. Ils peuvent également profiter des avantages fiscaux liés à l'immobilier, tels que les déductions pour amortissement et les avantages liés à la détention à long terme.

En plus de l'immobilier, de nombreux milliardaires investissent dans d'autres actifs tangibles tels que l'or, les œuvres d'art, les métaux précieux, les terres agricoles, les forêts et les infrastructures. Ces actifs physiques peuvent être une couverture contre l'inflation et les fluctuations du marché financier, offrant ainsi une diversification supplémentaire à leur portefeuille.

Par exemple, Warren Buffett, l'un des investisseurs les plus réussis de tous les temps, a acquis une société de distribution d'électricité et détient également des investissements dans des entreprises de chemins de fer. Ces actifs tangibles sont essentiels pour maintenir une valeur à long terme et permettre une croissance constante.

Investir dans l'immobilier et d'autres actifs tangibles peut également être bénéfique pour la création de revenus passifs, car ces actifs génèrent souvent des flux de trésorerie réguliers. Les revenus passifs provenant de ces investissements peuvent offrir une sécurité financière à long terme, permettant ainsi aux investisseurs de se concentrer sur de nouveaux projets et opportunités.

Cependant, il est important de noter que ces investissements ne sont pas sans risque. Les marchés immobiliers et d'autres actifs tangibles peuvent être sensibles aux fluctuations économiques et aux changements de l'environnement réglementaire. C'est pourquoi il est essentiel de mener une recherche approfondie, de s'entourer de conseillers financiers compétents et de diversifier les investissements pour atténuer les risques potentiels.

En conclusion, investir dans l'immobilier et d'autres actifs tangibles est une habitude fréquente parmi les milliardaires et leaders prospères. Ces investissements leur permettent de diversifier leurs portefeuilles, de générer des revenus passifs stables et de se protéger contre l'inflation et les fluctuations du marché financier. Inspirés par ces exemples, de plus en plus de personnes reconnaissent l'importance d'intégrer des actifs tangibles dans leurs stratégies d'investissement pour assurer une stabilité financière à long terme et poursuivre leur croissance vers le succès.

33. Éviter les dettes à haut risque.

Éviter les dettes à haut risque est une habitude prudente et sage adoptée par de nombreux milliardaires et leaders prospères. Ces individus comprennent l'importance de maintenir une situation financière solide et de minimiser les risques liés à l'endettement excessif.

Les dettes à haut risque, telles que les dettes à taux d'intérêt élevé ou les emprunts pour des investissements risqués, peuvent mettre en péril la stabilité financière d'un individu ou d'une entreprise. Les paiements d'intérêts élevés peuvent rapidement s'accumuler, augmentant la pression financière et réduisant la marge de manœuvre pour des investissements plus sûrs.

En évitant les dettes à haut risque, de nombreux milliardaires ont pu maintenir une certaine liberté financière et une meilleure capacité à saisir des opportunités d'investissement stratégiques. Ils sont conscients que l'endettement excessif peut entraîner une dépendance financière et limiter leur capacité à prendre des décisions éclairées.

De plus, ces leaders prospères ont tendance à préférer l'utilisation de leurs ressources financières pour des investissements solides et stables plutôt que pour des dépenses à court terme ou des projets risqués. Ils cherchent à bâtir leur richesse sur des bases solides et à maintenir une discipline financière pour éviter les pièges de l'endettement excessif.

Un exemple notoire est encore celui de Warren Buffett, qui est connu pour sa prudence en matière de dettes. Malgré sa position de milliardaire, il évite les dettes à haut risque et préfère financer ses investissements par le biais de liquidités disponibles. Cette approche a contribué à la stabilité de son empire financier et à son succès à long terme en tant qu'investisseur.

En sommes, éviter les dettes à haut risque est une habitude financière sage et prudente chez les milliardaires et leaders prospères. Cette approche leur permet de maintenir leur stabilité financière, de minimiser les risques liés à l'endettement excessif et de saisir des opportunités d'investissement stratégiques. Inspirés par ces exemples, de plus en plus de personnes reconnaissent l'importance de la discipline financière et de la gestion prudente des dettes pour bâtir une situation financière solide et réussir dans leur vie personnelle et professionnelle. En évitant les dettes à haut risque, ils peuvent protéger leur patrimoine et se donner les moyens de réaliser leurs ambitions à long terme.

34.Suivre un régime d'exercice mental (comme les énigmes ou les jeux de réflexion).

Suivre un régime d'exercice mental est une habitude répandue parmi de nombreux milliardaires et leaders prospères qui reconnaissent l'importance de maintenir leur agilité mentale et de stimuler leur cerveau pour rester au sommet de leur jeu.

Des personnalités comme Bill Gates, co-fondateur de Microsoft, sont connues pour leur passion pour les énigmes et les jeux de réflexion. Gates a déclaré à plusieurs reprises que la résolution d'énigmes et de casse-tête lui permettait de garder son esprit vif et de cultiver sa capacité à penser de manière créative et stratégique.

En s'engageant régulièrement dans des activités mentales stimulantes, ces leaders développent leur capacité de raisonnement, leur mémoire et leur concentration. Ils utilisent des énigmes, des jeux de réflexion et des exercices mentaux pour maintenir leurs compétences cognitives à leur plus haut niveau et pour favoriser une pensée innovante dans leur vie personnelle et professionnelle.

De plus, cet engagement dans des exercices mentaux peut être considéré comme une forme de relaxation et de déconnexion du stress quotidien. En se plongeant dans des casse-tête ou des jeux de réflexion, ces leaders trouvent un moyen de se détendre tout en gardant leur cerveau actif et alerte.

Il est également important de noter que certains milliardaires, comme Elon Musk, le PDG de SpaceX et Tesla, affirment utiliser des jeux vidéo comme moyen de se divertir tout en stimulant leur cerveau. Ils considèrent que certains jeux vidéo complexes, tels que les jeux de simulation et les jeux de stratégie, sont une forme de défis mentaux qui peuvent contribuer à améliorer leurs capacités de prise de décision rapide et d'anticipation.

En conclusion, suivre un régime d'exercice mental à travers des énigmes, des jeux de réflexion ou même des jeux vidéo est une habitude bénéfique chez de nombreux milliardaires et leaders prospères. Ces activités stimulantes leur permettent de garder leur esprit vif, de cultiver leur créativité et leur capacité de raisonnement, tout en leur offrant une forme de détente intellectuelle. Inspirés par ces exemples, de plus en plus de personnes reconnaissent l'importance de prendre soin de leur santé mentale en consacrant du temps à des exercices mentaux réguliers. En adoptant cette pratique, ils peuvent développer leur agilité mentale, rester concentrés dans leur vie personnelle et professionnelle, et trouver des solutions innovantes aux défis qui se présentent à eux.

35.Être prêt à déléguer des tâches aux autres.

Être prêt à déléguer des tâches aux autres est une habitude clé parmi de nombreux milliardaires et leaders prospères. Ils comprennent l'importance de s'entourer d'une équipe compétente et de déléguer certaines responsabilités pour optimiser leur efficacité et leur productivité.

Un exemple notable est celui de Richard Branson, fondateur du groupe Virgin. Branson est connu pour sa capacité à déléguer des tâches à des professionnels qualifiés dans divers domaines, ce qui lui a permis de se concentrer sur des activités stratégiques et de diriger l'entreprise vers le succès.

Déléguer des tâches aux autres permet à ces leaders de se libérer du fardeau des détails opérationnels et de se concentrer sur les aspects les plus importants de leur rôle. Cela leur donne également l'occasion de se consacrer à des projets plus ambitieux et de prendre des décisions stratégiques cruciales pour l'avenir de leur entreprise ou de leur organisation.

Cependant, il est essentiel de souligner que déléguer efficacement nécessite la mise en place d'une communication claire et d'une délégation ciblée. Ces leaders doivent être en mesure de confier les tâches à des personnes de confiance et de leur fournir les ressources et les informations nécessaires pour mener à bien leur mission.

En déléguant, ces leaders reconnaissent également les compétences et les capacités de leur équipe et encouragent le développement professionnel de leurs collaborateurs. Ils savent que donner des responsabilités à leur équipe peut être un puissant levier de motivation et de croissance pour les membres de leur organisation.

Rappelez-vous que d'être prêt à déléguer des tâches aux autres est une habitude essentielle chez les milliardaires et leaders prospères. Cette approche leur permet de se concentrer sur les aspects stratégiques de leur rôle, d'optimiser leur efficacité et de valoriser les compétences de leur équipe. Inspirés par ces exemples, de plus en plus de personnes reconnaissent l'importance de la délégation pour atteindre leurs objectifs professionnels et réussir dans leur vie personnelle. En déléguant judicieusement, ils peuvent libérer leur potentiel et celui de leur équipe, et ainsi réaliser des accomplissements remarquables et durables.

36. Pratiquer la gestion du stress et des émotions.

Pratiquer la gestion du stress et des émotions est une habitude vitale pour de nombreux milliardaires et leaders prospères, car elle leur permet de rester calmes et concentrés face aux défis et aux pressions de leur vie professionnelle et personnelle.

Un exemple marquant est celui de Satya Nadella, PDG de Microsoft, qui a reconnu l'importance de la gestion du stress pour rester efficace et équilibré dans son rôle de leader. Nadella a adopté des pratiques de pleine conscience et de méditation pour mieux gérer le stress et les émotions, ce qui l'a aidé à prendre des décisions plus réfléchies et à maintenir une vision claire pour l'avenir de l'entreprise.

En pratiquant la gestion du stress et des émotions, ces leaders reconnaissent que leur bien-être émotionnel a un impact direct sur leur prise de décision, leur créativité et leur capacité à inspirer leur équipe. Ils comprennent que le stress excessif peut nuire à leur santé mentale et physique, entraînant une baisse de productivité et une perte de concentration.

Ces leaders adoptent diverses stratégies pour gérer leur stress et leurs émotions, telles que l'exercice régulier, la méditation, la pratique du yoga, la lecture et la prise de temps pour des loisirs et des activités qui les détendent. Ils reconnaissent également l'importance de l'équilibre entre leur vie professionnelle et leur vie personnelle, en prenant des pauses régulières pour se ressourcer et se reconnecter avec leur famille et leurs proches.

De plus, ils sont conscients de l'impact de leur état émotionnel sur leur équipe et leur organisation. En cultivant leur intelligence émotionnelle, ils peuvent mieux comprendre les émotions des autres, renforcer les relations interpersonnelles et créer un environnement de travail plus positif et productif.

La gestion du stress et des émotions est donc une habitude cruciale chez les milliardaires et leaders prospères, tels que Satya Nadella. Cette pratique leur permet de maintenir leur efficacité, leur créativité et leur bien-être émotionnel, tout en favorisant une culture de travail saine et équilibrée au sein de leur organisation. Inspirés par ces exemples, de plus en plus de personnes reconnaissent l'importance de la gestion du stress pour réussir dans leur vie personnelle et professionnelle. En adoptant des stratégies de gestion du stress et des émotions, ils peuvent améliorer leur résilience, leur leadership et leur capacité à relever les défis avec sérénité et confiance.

37. Éviter les dépenses impulsives.

Éviter les dépenses impulsives est une habitude financière avisée et réfléchie, souvent observée parmi de nombreux milliardaires et leaders prospères, dont la gestion financière prudente leur permet de maintenir leur réussite à long terme et d'atteindre leurs objectifs financiers ambitieux.

Un exemple emblématique est celui de Warren Buffett, le légendaire investisseur, reconnu pour son approche prudente et économe en matière de dépenses. Malgré sa fortune considérable, Buffett a toujours privilégié un style de vie relativement modeste, évitant les dépenses extravagantes ou impulsives. Optant pour la frugalité et la sobriété, il a pu préserver sa richesse et la consacrer à des investissements stratégiques et lucratifs.

En choisissant de contourner les dépenses impulsives, ces leaders font preuve de prévoyance et se posent des questions cruciales telles que "En ai-je réellement besoin ?", "Cela s'aligne-t-il avec mes priorités financières ?", et "Est-ce un investissement avisé ?" avant de donner leur feu vert à tout achat.

Ils saisissent que les dépenses impulsives peuvent mener à une perte de contrôle sur leurs finances, compromettant ainsi leur capacité à effectuer des investissements réfléchis et accroissant les risques de s'enliser dans des dettes inutiles. Plutôt que de céder aux tentations des achats impulsifs, ils préfèrent allouer judicieusement leur argent à des actifs susceptibles de générer des rendements durables à long terme.

En outre, ces leaders apprécient la valeur du temps et de l'argent. Ils s'attachent à maximiser l'efficacité de leurs dépenses en cherchant des opportunités d'économies, en comparant les prix, et en négociant les contrats. Ils adoptent une perspective de planification financière à long terme, leur permettant ainsi de gérer leurs dépenses de manière plus stratégique, tout en restant fidèles à leurs objectifs financiers ambitieux.

En conclusion, éviter les dépenses impulsives est une habitude financière essentielle chez les milliardaires et leaders prospères, parmi lesquels figure Warren Buffett en tant qu'exemple marquant. Cette approche prudente leur permet de conserver une maîtrise totale sur leurs finances, de maximiser l'efficacité de leurs dépenses, et de réaliser des investissements avisés. Inspirés par ces exemples, un nombre croissant de personnes saisissent l'importance de la discipline financière pour réussir dans leur vie personnelle et professionnelle. En esquivant les dépenses impulsives, elles peuvent consolider leur patrimoine, atteindre leurs objectifs financiers, et se préparer à un avenir financier solide et florissant.

38.Se fixer des objectifs à long terme et planifier en conséquence.

Dans le monde complexe et dynamique des milliardaires et des leaders prospères, une habitude récurrente semble se dessiner : celle de se fixer des objectifs à long terme et de planifier méticuleusement pour les atteindre. Ces individus visionnaires, tels que Jeff Bezos, Elon Musk, Mary Barra, Larry Page, Sergey Brin et Sheryl Sandberg, ont fait preuve d'une détermination sans faille pour réaliser leurs ambitions les plus audacieuses.

Prenons l'exemple de Jeff Bezos, le fondateur visionnaire d'Amazon. En 1994, il avait une vision ambitieuse : créer la plus grande librairie en ligne du monde. Cependant, il ne s'est pas arrêté là. Bezos a planifié à long terme, transformant Amazon en une véritable entreprise de commerce électronique, avec une vaste gamme de produits et de services, s'étendant des livres aux technologies avancées. Cette vision et cette planification stratégique ont permis à Amazon de devenir l'une des entreprises les plus influentes et diversifiées du globe.

Dans le domaine de l'espace et de l'énergie propre, Elon Musk, PDG de SpaceX et Tesla, est un autre exemple éclatant. Musk s'est fixé des objectifs à long terme qui ont changé la donne dans les deux industries. Il vise à coloniser Mars avec SpaceX et à révolutionner l'industrie automobile avec Tesla. Sa vision audacieuse et sa planification stratégique ont été les moteurs de l'innovation et du progrès technologique.

Mary Barra, PDG de General Motors, a également brillé par sa vision et sa planification à long terme. Elle s'est fixé pour objectif de transformer l'entreprise automobile en une entité axée sur l'innovation, en investissant dans les véhicules électriques et autonomes. Grâce à sa détermination et à sa planification minutieuse, General Motors a connu une croissance significative et est devenu un acteur clé de la révolution de la mobilité.

Les co-fondateurs de Google, Larry Page et Sergey Brin, ont également suivi cette voie. Leur vision initiale était de créer le meilleur moteur de recherche au monde. Toutefois, ils ont rapidement élargi leur vision et ont planifié à long terme pour créer Alphabet Inc., une entreprise mère englobant diverses activités innovantes. Leur planification stratégique a permis de transformer Google en l'une des entreprises les plus influentes du monde.

Dans le domaine des médias sociaux, Sheryl Sandberg, COO de Facebook, a été une source d'inspiration pour de nombreuses femmes aspirant à des postes de leadership. Elle s'est fixé des objectifs ambitieux pour accroître la portée mondiale de la plateforme et encourager la diversité et l'inclusion au sein de l'entreprise. Sa vision et sa planification stratégique ont fait de Facebook un acteur clé de l'ère numérique.

En conclusion, la capacité à se fixer des objectifs à long terme et à planifier avec minutie est une caractéristique commune chez les milliardaires et les leaders prospères. Ces exemples illustrent comment une vision audacieuse et une planification stratégique peuvent transformer des idées ambitieuses en réalisations concrètes. En s'inspirant de ces leaders visionnaires, de plus en plus de personnes reconnaissent l'importance de la planification à long terme pour atteindre leurs aspirations les plus élevées, stimulant ainsi l'innovation et le progrès à travers le monde.

39. Éviter les excuses et prendre la responsabilité de ses actes.

Dans l'univers compétitif des milliardaires et des leaders prospères, l'habitude d'éviter les excuses et de prendre la responsabilité de ses actes est une pierre angulaire de leur réussite. Un exemple frappant qui illustre cette mentalité est celui de Jack Ma, le fondateur charismatique d'Alibaba Group, l'une des plus grandes entreprises de commerce électronique au monde.

Au début de sa carrière entrepreneuriale, Jack Ma a fait face à d'innombrables revers et obstacles. Il a essuyé des échecs retentissants, y compris des refus répétés de financement et des détracteurs sceptiques quant à ses ambitions. Cependant, Ma a résolument refusé de se laisser emprisonner par les excuses. Il a embrassé chaque échec comme une opportunité d'apprentissage, s'enracinant dans la conviction que la responsabilité personnelle est le véhicule vers le succès.

L'une des clés de la réussite de Jack Ma a été son acceptation de la responsabilité de ses actes, quelle qu'en soit l'issue. Il a pris conscience que la victimisation et le rejet de responsabilité ne feraient que le paralyser dans sa quête pour atteindre ses objectifs. Au lieu de cela, il a adopté une approche proactive, analysant chaque situation avec humilité et apprenant des erreurs commises. Cette attitude lui a permis de transformer les défis en opportunités de croissance personnelle et professionnelle.

En évitant les excuses, ces leaders prospères s'approprient leur destinée. Ils comprennent que pour accomplir de grandes choses, il est essentiel d'assumer les conséquences de ses choix et de ses actions. Ils se concentrent sur les aspects sur lesquels ils ont un contrôle et tirent des leçons de leurs erreurs pour avancer de manière plus avisée et persévérante.

De plus, cette habitude de prendre la responsabilité de ses actes renforce les liens de confiance avec leur équipe et leurs partenaires. En admettant leurs erreurs, ces leaders sont perçus comme des modèles d'intégrité et d'authenticité. Ils encouragent également leurs collaborateurs à adopter une culture de responsabilité, où chacun est appelé à contribuer activement à la réussite commune.

Souvenez-vous toujours, que l'habitude d'éviter les excuses et de prendre la responsabilité de ses actes est un pilier incontestable chez les milliardaires et les leaders prospères. En suivant l'exemple de personnalités comme Jack Ma, ces individus inspirants transcendent les obstacles, font preuve de courage et embrassent l'apprentissage continu. Cette mentalité de responsabilité personnelle leur permet de tracer leur chemin vers le succès, en forgeant leur héritage et en laissant une empreinte positive sur le monde. Inspirés par ces exemples, de plus en plus de personnes saisissent l'importance de cette attitude pour réussir dans leur vie personnelle et professionnelle, en assumant leur pouvoir de créer leur propre destinée.

40. Rechercher la simplicité dans le mode de vie.

La recherche de la simplicité dans le mode de vie est une habitude précieuse chez de nombreux milliardaires et leaders prospères. Ces individus ont compris que la clé du bonheur et du succès réside souvent dans la simplicité et l'épure, plutôt que dans l'accumulation ostentatoire de biens matériels.

Un exemple remarquable est celui de Warren Buffett, l'un des investisseurs les plus célèbres et respectés au monde. Malgré sa fortune considérable, Buffett mène une vie simple et modeste. Il vit dans la même maison depuis des décennies et préfère conduire des voitures ordinaires. Cette approche humble lui permet de se concentrer sur ce qui compte vraiment pour lui : investir judicieusement et donner de manière philanthropique.

En recherchant la simplicité, ces leaders reconnaissent que la surconsommation et le désir constant de possessions matérielles peuvent être des pièges qui les détourneraient de leurs valeurs essentielles. Ils privilégient l'essentiel et savourent les petits plaisirs de la vie plutôt que de s'encombrer de l'inutile.

La simplicité dans le mode de vie permet également de réduire le stress et de favoriser une meilleure santé mentale et émotionnelle. En se détachant des pressions matérielles, ils trouvent plus de sérénité et de clarté d'esprit pour se concentrer sur leurs objectifs et leurs priorités.

En outre, cette habitude de recherche de la simplicité inspire leurs collaborateurs et leur entourage. Ils montrent l'exemple en valorisant les relations humaines, en prônant l'équilibre entre vie professionnelle et vie personnelle, et en cultivant un environnement de travail positif et respectueux.

La recherche de la simplicité dans le mode de vie est une habitude puissante chez les milliardaires et leaders prospères, à l'image de Warren Buffett. Cette approche leur permet de se concentrer sur l'essentiel, de réduire le stress, et de cultiver des relations authentiques et significatives. Inspirés par ces exemples, de plus en plus de personnes reconnaissent l'importance de la simplicité pour trouver l'épanouissement et le succès dans leur vie personnelle et professionnelle. En embrassant la simplicité, ils peuvent découvrir la véritable richesse intérieure et cultiver une vie équilibrée et gratifiante.

41. Pratiquer la lecture rapide pour absorber plus d'informations.

Pratiquer la lecture rapide pour absorber plus d'informations est une habitude répandue chez de nombreux milliardaires et leaders prospères, conscients que le temps est une ressource précieuse et qu'une bonne gestion de celui-ci est essentielle pour réussir.

Un exemple éloquent est celui de Bill Gates, le co-fondateur de Microsoft et philanthrope renommé. Gates est connu pour sa capacité à lire rapidement et à assimiler une grande quantité d'informations en peu de temps. Il attribue une partie de son succès à cette habitude, qui lui permet de rester constamment informé sur une multitude de sujets et d'explorer de nouvelles opportunités.

En pratiquant la lecture rapide, ces leaders sont en mesure de parcourir des documents, des rapports et des livres volumineux en un temps réduit, tout en maintenant une compréhension globale de leur contenu. Cette compétence leur permet de prendre des décisions éclairées, de saisir rapidement les tendances du marché et de rester à la pointe de l'innovation.

La lecture rapide leur offre également une longueur d'avance dans le monde des affaires en constante évolution. Ils peuvent parcourir des articles, des études et des analyses en un temps record, ce qui leur permet de réagir rapidement aux changements du marché et de prendre des décisions stratégiques avisées.

Cette habitude de lecture efficace encourage l'apprentissage continu, un aspect essentiel de leur succès. Ces leaders avides de connaissances cherchent toujours à approfondir leur expertise dans leur domaine d'activité et à explorer de nouveaux horizons. La lecture rapide leur permet de consommer plus de matériel de qualité en moins de temps, ce qui accélère leur processus d'apprentissage et d'adaptation.

En conclusion, la pratique de la lecture rapide est une habitude puissante chez les milliardaires et leaders prospères, comme Bill Gates. Cette compétence leur permet de gérer efficacement leur temps, d'absorber une quantité considérable d'informations et de prendre des décisions éclairées. Inspirés par ces exemples, de plus en plus de personnes reconnaissent l'importance de cette habitude pour améliorer leur productivité et leur connaissance, favorisant ainsi leur succès professionnel et personnel. En s'efforçant de développer cette compétence, ils peuvent optimiser leur potentiel et atteindre des sommets exceptionnels dans leur parcours vers le succès.

42.Chercher des opportunités dans les moments de crise.

Dans l'univers compétitif des milliardaires et des leaders prospères, la recherche d'opportunités dans les moments de crise est une habitude distinctive qui sépare les visionnaires des suiveurs. Ces individus inspirants, tels que Richard Branson, fondateur de Virgin Group, ont démontré leur capacité à transformer les défis en opportunités lucratives.

Un exemple captivant est celui de Richard Branson lui-même. En 1992, une crise financière sans précédent frappe la compagnie Virgin Atlantic Airways suite à une concurrence acharnée avec British Airways. Plutôt que de se laisser abattre par cette crise, Branson a cherché des opportunités pour redresser la situation. Il a proposé un pari audacieux à la compagnie rivale en mettant en jeu l'avenir de ses employés contre celui de British Airways dans une course de bateaux. Virgin Atlantic a remporté le défi et a bénéficié d'une couverture médiatique positive, ce qui a permis à l'entreprise de se relancer et de renforcer sa position sur le marché.

En cherchant des opportunités dans les moments de crise, ces leaders prospères montrent une résilience inébranlable. Plutôt que de paniquer face à l'adversité, ils adoptent une mentalité proactive qui leur permet de trouver des solutions créatives et novatrices pour faire face aux défis.

Cette habitude de chercher des opportunités dans les moments difficiles les pousse également à prendre des risques calculés. Ils comprennent que certaines des meilleures opportunités émergent lorsque les marchés sont incertains, et ils n'hésitent pas à investir dans des entreprises sous-évaluées ou des secteurs émergents. Ces choix audacieux peuvent se révéler payants à long terme, leur permettant de prospérer lorsque d'autres se retirent.

En outre, cette approche proactive inspire leur équipe et leur entourage. Leur capacité à rester calmes et confiants dans les moments de crise encourage leurs collaborateurs à rester concentrés et à garder le cap, créant ainsi un environnement de travail positif et motivant.

En conclusion, la recherche d'opportunités dans les moments de crise est une habitude cruciale chez les milliardaires et leaders prospères, comme Richard Branson. Cette approche résiliente leur permet de transformer les défis en opportunités lucratives, d'innover et de prospérer malgré les circonstances adverses. Inspirés par ces exemples, de plus en plus de personnes reconnaissent l'importance de cette mentalité dans leur propre parcours, en transformant les moments difficiles en tremplins vers le succès et l'accomplissement. En embrassant cette approche proactive, ils peuvent surmonter les crises avec détermination et émerger plus forts, prêts à saisir les opportunités qui se présentent à eux.

Dans l'univers compétitif des milliardaires et des leaders prospères, la recherche d'opportunités dans les moments de crise est une habitude distinctive qui sépare les visionnaires des suiveurs. Face à l'adversité, ces individus inspirants adoptent une approche résiliente qui leur permet de transformer les défis en opportunités d'innovation et de croissance.

Un autre exemple marquant est celui de Jack Dorsey, co-fondateur de Twitter et Square. Lorsque l'économie mondiale a été secouée par la crise financière de 2008, de nombreuses entreprises ont fait faillite. Cependant, Dorsey a vu une opportunité de développer un système de paiement mobile révolutionnaire. Il a créé Square, une société qui permet aux petites entreprises d'accepter facilement les paiements par carte de crédit via un smartphone ou une tablette. Cette idée novatrice a connu un succès retentissant, transformant le paysage des transactions commerciales.

En cherchant des opportunités dans les moments de crise, ces leaders prospères ont une capacité unique à transformer les obstacles en tremplins pour la réussite. Plutôt que de se laisser décourager par les circonstances difficiles, ils se concentrent sur la recherche de solutions créatives et innovantes pour résoudre les problèmes.

Cette habitude de chercher des opportunités dans les moments difficiles les pousse également à sortir de leur zone de confort et à prendre des risques calculés. Ils comprennent que les périodes d'incertitude offrent souvent des occasions uniques de créer de la valeur et d'avancer vers de nouveaux territoires. Cette approche proactive inspire leur équipe et leur entourage. En montrant l'exemple, ils encouragent leurs collaborateurs à rester optimistes et à voir les crises comme des opportunités de croissance et de développement.

En synthèse, la recherche d'opportunités dans les moments de crise est une habitude cruciale chez les milliardaires et leaders prospères, comme Jack Dorsey. Cette approche résiliente leur permet de transformer les défis en opportunités d'innovation et de croissance, et de se positionner en tant que visionnaires qui façonnent leur destinée. Inspirés par ces exemples, de plus en plus de personnes reconnaissent l'importance de cette mentalité dans leur propre parcours, en transformant les moments difficiles en tremplins vers le succès et l'accomplissement. En embrassant cette approche proactive, ils peuvent surmonter les crises avec détermination et émerger plus forts, prêts à saisir les opportunités qui se présentent à eux.

43. Éviter de gaspiller du temps et de l'énergie sur des choses sans importance.

Éviter de gaspiller du temps et de l'énergie sur des choses sans importance est une habitude essentielle chez les milliardaires et leaders prospères. Ces individus inspirants sont conscients que le temps est une ressource précieuse et qu'une gestion judicieuse de celle-ci est cruciale pour atteindre leurs objectifs.

Un exemple éloquent est celui de Mark Zuckerberg, le fondateur emblématique de Facebook. Malgré son succès phénoménal, Zuckerberg est connu pour maintenir une discipline rigoureuse en matière de gestion du temps. Il s'efforce de se concentrer sur les tâches prioritaires et d'éviter les distractions inutiles, telles que les réunions non essentielles ou les activités sans valeur ajoutée. Cette approche lui permet de rester concentré sur l'essentiel et d'allouer son énergie de manière optimale.

En évitant de gaspiller du temps et de l'énergie sur des choses sans importance, ces leaders prospères maximisent leur productivité et leur efficacité. Ils sont capables de consacrer leurs efforts à des activités à fort impact qui contribuent réellement à leurs objectifs stratégiques.

De plus, cette habitude de focalisation les aide à maintenir un équilibre entre vie professionnelle et vie personnelle. En limitant les distractions et les tâches superflues, ils peuvent consacrer du temps de qualité à leur famille, à leurs loisirs et à leur bien-être personnel.

Cette approche disciplinée inspire également leur équipe et leur entourage. En montrant l'exemple, ils encouragent leurs collaborateurs à adopter une mentalité axée sur l'efficacité et la valeur ajoutée, créant ainsi un environnement de travail productif et harmonieux.

Cette approche leur permet de maximiser leur productivité, de maintenir un équilibre de vie sain et d'atteindre leurs objectifs avec succès. Inspirés par ces exemples, de plus en plus de personnes reconnaissent l'importance de cette mentalité dans leur propre parcours, en valorisant le temps comme une ressource inestimable à consacrer aux choses qui comptent vraiment. En adoptant cette approche disciplinée, ils peuvent optimiser leur potentiel et atteindre des sommets remarquables dans leur quête du succès et de l'accomplissement.

44.Favoriser l'apprentissage autodidacte.

Une figure emblématique qui incarne parfaitement l'habitude de favoriser l'apprentissage autodidacte est Oprah Winfrey, l'une des femmes les plus influentes au monde. Devenue une icône des médias, Oprah a construit son empire médiatique de manière impressionnante en se formant principalement par elle-même.

Issue d'un milieu modeste, Oprah a rencontré de nombreux défis au cours de sa vie, mais elle a toujours vu l'éducation comme un moyen de se libérer et de réaliser ses rêves. Dès son plus jeune âge, elle a lu de nombreux livres, se nourrissant de connaissances et d'histoires qui lui ont ouvert l'esprit à de nouvelles perspectives.

Lorsqu'elle a rejoint le monde des médias, Oprah a poursuivi son apprentissage autodidacte en se plongeant dans des sujets variés, allant de la psychologie à la spiritualité en passant par la littérature. Elle a interviewé d'éminents penseurs et experts, utilisant ces occasions pour approfondir ses connaissances et acquérir une compréhension plus profonde des enjeux qui comptent pour elle et son public.

En encourageant l'apprentissage autodidacte, Oprah a inspiré des millions de personnes à croire en leur potentiel et à chercher la connaissance comme une clé pour transformer leur vie. Elle a également fondé une école en Afrique du Sud, l'Académie Oprah Winfrey, qui vise à offrir à des jeunes filles défavorisées des opportunités d'apprentissage et d'éducation, leur permettant de réaliser leur plein potentiel.

Cette habitude d'apprentissage autodidacte a permis à Oprah de devenir bien plus qu'une animatrice de télévision, mais un modèle de leadership, d'empathie et de réussite. Elle prône l'importance de s'instruire continuellement, de nourrir sa curiosité intellectuelle et de chercher à s'améliorer constamment.

Cette approche leur permet de se former à leur rythme, de développer leur savoir et leur expertise, et de devenir de véritables acteurs de leur destinée. Inspirés par ces exemples, de plus en plus de personnes reconnaissent l'importance de cette mentalité dans leur propre parcours, en valorisant l'apprentissage continu comme un moteur de réussite et d'épanouissement. En embrassant cette approche autodidacte, ils peuvent développer leur potentiel et atteindre des sommets remarquables dans leur quête de succès et d'accomplissement.

45.Garder un cercle social positif et inspirant.

Garder un cercle social positif et inspirant est une habitude essentielle chez les milliardaires et leaders prospères. Ces individus conscients de l'influence de leur environnement choisissent soigneusement leurs relations et s'entourent de personnes qui les stimulent, les motivent et les poussent vers l'excellence.

Un exemple remarquable est celui de Warren Buffett, l'un des investisseurs les plus prospères de tous les temps. Buffet est réputé pour sa sagesse financière et son éthique de travail, mais également pour son cercle d'amis proches. Il a forgé des liens étroits avec des personnes partageant les mêmes valeurs, telles que Bill Gates, co-fondateur de Microsoft, et Charlie Munger, son bras droit et associé chez Berkshire Hathaway. Ces relations ont joué un rôle essentiel dans son succès, car elles lui ont offert un réseau de soutien et de conseil précieux.

En gardant un cercle social positif et inspirant, ces leaders prospères bénéficient d'un environnement qui favorise leur croissance personnelle et professionnelle. Ils entretiennent des relations constructives et encourageantes, qui les aident à rester motivés et centrés sur leurs objectifs.

De plus, cette habitude de choisir soigneusement leur entourage leur permet d'éviter les influences négatives qui pourraient les détourner de leur chemin vers le succès. Ils sont conscients que les attitudes et les valeurs de leurs amis et associés peuvent avoir un impact significatif sur leur propre développement.

En outre, cette approche d'un cercle social positif inspire leur équipe et leur entourage. En montrant l'exemple, ils encouragent leurs collaborateurs à s'entourer de personnes qui les soutiennent et les inspirent, créant ainsi une culture d'émulation et d'encouragement au sein de leur organisation.

Garder un cercle social positif et inspirant est une habitude cruciale chez les milliardaires et leaders prospères, comme Warren Buffett. Cette approche leur permet de s'entourer de personnes qui les stimulent et les encouragent à atteindre l'excellence. Inspirés par ces exemples, de plus en plus de personnes reconnaissent l'importance de cette mentalité dans leur propre parcours, en valorisant les relations constructives et motivantes comme un pilier de leur succès et de leur bien-être. En embrassant cette approche, ils peuvent façonner leur entourage pour en faire un soutien solide dans leur quête de réussite et d'épanouissement.

46. Faire des pauses fréquentes pour se rafraîchir l'esprit.

Faire des pauses fréquentes pour se rafraîchir l'esprit est une habitude vitale chez les milliardaires et leaders prospères. Ces individus comprennent l'importance de l'équilibre entre le travail acharné et le temps de récupération pour maintenir leur productivité et leur créativité au sommet.

Un exemple éloquent est celui de Jeff Bezos, le fondateur d'Amazon. Malgré son emploi du temps chargé, Bezos s'efforce de prendre régulièrement des pauses pour se ressourcer. Il est connu pour ses *"retrait de réflexion"*, des retraites silencieuses de quelques jours où il se retire dans un lieu isolé pour réfléchir, lire et se recentrer sur sa vision stratégique.

En faisant des pauses fréquentes, ces leaders prospères se donnent la possibilité de recharger leurs batteries et de revenir à leurs tâches avec un esprit clair et rafraîchi. Ces moments de détente leur permettent de libérer leur esprit des préoccupations quotidiennes et de trouver des solutions créatives à des problèmes complexes.

Cette habitude de faire des pauses régulières favorise également leur bien-être émotionnel et mental. En prenant le temps de se détendre et de se reposer, ils réduisent le stress et évitent l'épuisement professionnel, ce qui leur permet de rester concentrés et engagés dans leurs objectifs.

De plus, cette approche de prendre des pauses fréquentes inspire leur équipe et leur entourage. En montrant l'exemple, ils encouragent leurs collaborateurs à adopter une culture du bien-être et à reconnaître l'importance de se ménager des moments de répit pour favoriser leur épanouissement professionnel et personnel. Cette approche leur permet de préserver leur productivité, leur créativité et leur bien-être, en trouvant un équilibre entre l'effort et la détente. Inspirés par ces exemples, de plus en plus de personnes reconnaissent l'importance de cette mentalité dans leur propre parcours, en valorisant les moments de répit comme une clé pour exceller dans leur quête de succès et d'accomplissement. En embrassant cette approche, ils peuvent préserver leur vitalité mentale et émotionnelle tout en restant résolument engagés sur la voie de la réussite.

47. Se concentrer sur la qualité plutôt que sur la quantité.

Dans la quête du succès et de l'excellence, les milliardaires et leaders prospères ont développé de nombreuses habitudes qui les distinguent des autres. L'une de ces habitudes essentielles est leur capacité à se concentrer sur la qualité plutôt que sur la quantité. Cette approche résolue façonne leur façon de penser, de travailler et de diriger, leur permettant de créer des entreprises prospères et d'atteindre des sommets remarquables.

Un exemple frappant de cette habitude est celui de Jeff Bezos, le fondateur visionnaire d'Amazon. Dès les premières années d'Amazon, Bezos a fixé une norme élevée pour la qualité des produits et services proposés par son entreprise. Il était convaincu que la satisfaction du client était la clé pour construire une base solide de fidèles consommateurs. Ainsi, il a instauré une culture d'obsession pour la qualité au sein de son organisation, exigeant des normes rigoureuses pour chaque produit, chaque processus et chaque interaction avec les clients.

Cette focalisation sur la qualité a contribué à faire d'Amazon l'un des détaillants en ligne les plus respectés et les plus prospères au monde. La société s'est efforcée de dépasser les attentes de ses clients en proposant une vaste sélection de produits, des processus de livraison rapides et fiables, et un service clientèle exceptionnel. En mettant l'accent sur la qualité, Amazon a réussi à créer une marque puissante et à fidéliser une clientèle loyale.

La recherche de la qualité ne se limite pas uniquement aux produits et services pour les milliardaires et leaders prospères. Elle s'étend également à la gestion des équipes et à la construction d'entreprises solides et durables. Ils savent que des équipes compétentes et engagées sont la clé pour atteindre des résultats exceptionnels. Ainsi, ils s'efforcent de recruter et de retenir des talents de premier ordre, en favorisant une culture d'excellence et de respect au sein de leur organisation.

En outre, ces leaders prospères comprennent que la quête de la qualité est un processus continu. Ils cherchent toujours à améliorer leurs performances, à innover et à s'adapter aux changements du marché. Ils reconnaissent que la complaisance peut être le premier pas vers la stagnation et l'obsolescence. Ainsi, ils se remettent en question, remettent en question les anciennes façons de faire et cherchent constamment à repousser les limites.

Cette approche de privilégier la qualité inspire également leur entourage et leur équipe. En montrant l'exemple, ils encouragent leurs collaborateurs à se concentrer sur l'excellence, à viser l'amélioration continue et à prendre des initiatives audacieuses. Cette culture d'excellence génère un environnement de travail motivant et stimulant, où les talents sont nourris et les idées novatrices sont encouragées.

En conclusion, la focalisation sur la qualité plutôt que sur la quantité est une habitude essentielle chez les milliardaires et leaders prospères, comme le démontre l'exemple de Jeff Bezos et d'Amazon. Cette approche leur permet de créer des entreprises prospères, de fidéliser leur clientèle et de développer des équipes compétentes et engagées. Inspirés par ces exemples, de plus en plus de personnes reconnaissent l'importance de cette mentalité dans leur propre parcours, en valorisant l'excellence comme un moteur de succès et d'accomplissement. En embrassant cette approche axée sur la qualité, ils peuvent atteindre des sommets remarquables dans leur quête de réussite et de satisfaction professionnelle.

48. Planifier des séances de réflexion régulières pour évaluer les progrès.

Dans la course effrénée du monde des affaires et du succès, les milliardaires et leaders prospères ont une habitude qui les distingue : la planification de séances de réflexion régulières. Ces moments de pause stratégique leur permettent de faire un bilan des progrès accomplis, de réévaluer leurs objectifs et de prendre des décisions éclairées pour l'avenir.

Un exemple inspirant de cette habitude est celui de Bill Gates, le co-fondateur de Microsoft et philanthrope de renommée mondiale. Tout au long de sa carrière, Gates s'est imposé des retraites de réflexion périodiques, où il s'isolait du tumulte quotidien pour se concentrer sur la planification à long terme. Ces séances de réflexion lui ont permis de développer une vision stratégique pour Microsoft et de guider l'entreprise vers une croissance durable et un succès durable.

Lors de ces séances de réflexion, les milliardaires et leaders prospères prennent le temps de faire le point sur leurs réalisations passées, leurs objectifs actuels et leurs aspirations pour l'avenir. Ils passent en revue les projets en cours, analysent les succès et les échecs, et identifient les domaines d'amélioration potentiels.

Ces moments de réflexion sont également l'occasion de s'arrêter et de réévaluer leur feuille de route vers le succès. Ils se posent des questions cruciales telles que : "Nos objectifs sont-ils toujours alignés avec notre vision ?" ou "Quelles sont les nouvelles opportunités qui s'offrent à nous ?". Ces remises en question constantes les aident à ajuster leur trajectoire et à rester agiles dans un monde des affaires en perpétuelle évolution.

En prenant du recul et en réfléchissant, ces leaders prospères peuvent identifier les tendances émergentes, les disruptions potentielles et les opportunités inexploitées. Ils sont ainsi mieux préparés pour anticiper les défis et saisir les nouvelles occasions qui se présentent.

En outre, ces séances de réflexion sont l'occasion de cultiver leur créativité et leur capacité d'innovation. En prenant le temps de s'éloigner des affaires quotidiennes, ils libèrent leur esprit des contraintes et des routines, favorisant ainsi l'émergence d'idées novatrices et de solutions originales.

En planifiant régulièrement des séances de réflexion, ces leaders prospères cultivent également un sentiment de responsabilité envers eux-mêmes et leur entreprise. Ils reconnaissent l'importance de prendre le temps de s'arrêter et de réfléchir à leur propre développement en tant que leaders et à la direction de leur organisation.

Cette habitude de planifier des séances de réflexion régulières inspire leur entourage et leur équipe. En montrant l'exemple, ils encouragent leurs collaborateurs à adopter une culture de réflexion et d'auto-évaluation. Cette approche permet d'améliorer les performances de l'entreprise, de renforcer la cohésion de l'équipe et de favoriser l'innovation. Cette approche leur permet de faire le point sur leur parcours, de réévaluer leurs objectifs et de prendre des décisions éclairées pour l'avenir. Inspirés par ces exemples, de plus en plus de personnes reconnaissent l'importance de cette mentalité dans leur propre parcours, en valorisant la réflexion comme un moteur d'excellence et de réussite. En embrassant cette approche, ils peuvent guider leur entreprise vers un succès durable et s'élever vers de nouveaux sommets de réalisations professionnelles.

49.Cultiver l'humilité et l'empathie envers les autres.

Parmi les milliardaires et leaders prospères qui ont su cultiver l'humilité et l'empathie envers les autres, Carlos Slim Helú, magnat mexicain des télécommunications, incarne parfaitement cette habitude. Connu pour sa fortune immense et son succès dans le monde des affaires, Slim a également bâti une réputation d'homme humble, proche de son peuple et engagé dans des initiatives philanthropiques.

Carlos Slim Helú est né en 1940 dans une famille d'origine libanaise au Mexique. Dès son jeune âge, il a été élevé dans des valeurs de modestie et de travail acharné. Malgré son succès fulgurant dans le secteur des télécommunications, Slim reste une personne discrète et se distingue par son mode de vie simple.

En cultivant l'humilité, Slim a su gagner le respect et l'admiration de ses employés et de la population mexicaine. Il est connu pour se déplacer dans des voitures modestes plutôt que des limousines luxueuses et pour vivre dans une maison sans prétention. Son attitude humble et accessible lui permet de créer un lien authentique avec les gens, et il est souvent salué comme étant un modèle pour les entrepreneurs et les jeunes générations.

Au-delà de son attitude humble, Carlos Slim Helú se distingue également par son engagement philanthropique envers son pays et les populations défavorisées. Il a créé la Fondation Carlos Slim, qui s'engage dans des projets de santé, d'éducation, de culture et de développement social au Mexique. À travers cette fondation, Slim a contribué à l'amélioration de la santé publique, à la lutte contre la pauvreté et à la promotion de l'accès à l'éducation pour les enfants issus de milieux défavorisés.

L'humilité et l'empathie de Carlos Slim Helú s'expriment également dans sa gestion d'entreprise. En tant que dirigeant, il privilégie une approche participative, écoutant activement les idées de ses collaborateurs et encourageant la prise d'initiatives. Il valorise le travail d'équipe et crée un environnement où chacun se sent valorisé et respecté.

L'approche humble et empathique de Carlos Slim Helú inspire ses employés et ses partenaires commerciaux. En reconnaissant la valeur de chaque individu et en encourageant le respect mutuel, il a créé une culture d'entreprise positive et dynamique. Cette approche favorise l'innovation, la créativité et la collaboration, ce qui a contribué au succès continu de ses entreprises.

En conclusion, Carlos Slim Helú est un exemple inspirant de la façon dont la culture de l'humilité et de l'empathie peut façonner la réussite et le leadership. Sa modestie, son engagement philanthropique et son approche bienveillante envers les autres ont non seulement renforcé sa réputation d'homme d'affaires prospère, mais ont également laissé un impact positif durable sur la société. Inspirés par cet exemple, de plus en plus de personnes reconnaissent l'importance de cultiver l'humilité et l'empathie dans leur propre parcours, en valorisant la bienveillance comme un moteur de réussite et de réalisation personnelle. En embrassant cette approche, ils peuvent atteindre des sommets remarquables dans leur quête de succès et de satisfaction professionnelle, tout en contribuant au bien-être de leur entourage et de la société dans son ensemble.

50. Célébrer les succès, même les petites victoires.

Tout au long de sa carrière, Richard Branson a adopté une approche célébratoire pour marquer les réalisations importantes de ses entreprises. L'une des célébrations les plus emblématiques de Branson a eu lieu en 2004, lorsque le vol inaugural de Virgin Galactic a été couronné de succès. Virgin Galactic est la branche de l'entreprise dédiée au tourisme spatial. Le vol spatial suborbital réussi a marqué une étape importante dans la réalisation du rêve de Branson de rendre l'espace accessible aux civils. À cette occasion, Branson a organisé une fête somptueuse pour son équipe et les invités, exprimant sa gratitude et sa fierté pour cette réalisation historique.

Outre les grandes victoires, Branson a également pris l'habitude de célébrer les petites réussites au sein de ses entreprises. Il a souvent été vu célébrant la réussite de l'équipe lors de lancements de nouveaux produits, d'ouverture de nouveaux services ou même de la réalisation d'objectifs de vente. Branson reconnaît que ces petites victoires contribuent au succès global de ses entreprises et renforcent la motivation de son équipe.

L'approche célébratoire de Branson ne se limite pas à ses entreprises, mais s'étend également à sa vie personnelle et à ses initiatives philanthropiques. Lorsqu'il atteint des objectifs personnels ou réalise des progrès significatifs dans ses projets philanthropiques, Branson n'hésite pas à célébrer ces succès avec sa famille, ses amis et les bénéficiaires de ses initiatives.

La célébration des succès est ancrée dans la culture de l'entreprise Virgin. Branson encourage ses employés à se féliciter mutuellement pour les réalisations, et il veille à organiser des événements de reconnaissance réguliers pour souligner les contributions exceptionnelles de l'équipe. Cette culture célébratoire favorise un environnement de travail positif et stimulant, où les employés se sentent valorisés et soutenus dans leurs efforts.

Pour Branson, la célébration des succès est également une manière de motiver son équipe à repousser sans cesse les limites. Il considère que la reconnaissance des réalisations passées est essentielle pour inspirer les membres de son équipe à poursuivre leurs efforts avec enthousiasme et détermination.

Inspirés par cet exemple, de plus en plus de personnes reconnaissent l'importance de célébrer les réussites dans leur propre parcours, en valorisant la reconnaissance comme un moteur de réussite et de satisfaction professionnelle. En embrassant cette approche, ils peuvent non seulement atteindre des sommets remarquables dans leur quête de succès, mais aussi inspirer leur entourage à donner le meilleur d'eux-mêmes et à célébrer chaque étape vers l'accomplissement de leurs objectifs. La célébration des succès est ainsi un élément clé pour façonner un leadership positif et inspirant, capable de mobiliser les équipes vers des réalisations extraordinaires.

Conclusion

L'utilisation des exemples de milliardaires qui ont réussi pour soi-même réussir et gagner du temps est une stratégie puissante pour ceux qui aspirent à atteindre l'excellence et à réaliser leurs rêves. Ces milliardaires célèbres sont souvent des modèles inspirants qui ont surmonté des obstacles, pris des risques calculés et fait preuve de détermination pour atteindre des sommets extraordinaires dans leur vie professionnelle et personnelle. En s'inspirant de leurs habitudes, de leurs méthodes et de leurs expériences, les aspirants entrepreneurs et leaders peuvent bénéficier d'un avantage considérable dans leur propre parcours vers le succès.

Premièrement, l'utilisation des exemples de milliardaires qui ont réussi permet d'apprendre de leurs erreurs et de leurs succès. Ces individus ont souvent connu des défis et des revers avant d'atteindre leurs objectifs. En étudiant leur parcours, on peut éviter de répéter les erreurs communes et saisir les opportunités qu'ils ont identifiées. Par exemple, Warren Buffett a appris de ses erreurs passées en investissant dans des entreprises qu'il comprenait bien, ce qui lui a valu de solides rendements sur le long terme. En suivant ces exemples, les aspirants entrepreneurs peuvent prendre des décisions éclairées et éviter les pièges courants.

Deuxièmement, s'inspirer des exemples de milliardaires qui ont réussi peut aider à cultiver une mentalité de succès. La réussite est souvent le résultat d'une vision audacieuse, d'une détermination inébranlable et d'une pensée positive. En étudiant la façon dont des milliardaires comme Richard Branson ou Elon Musk ont surmonté des obstacles et transformé des défis en opportunités, on peut se forger une mentalité de gagnant et se convaincre que tout est possible avec suffisamment de détermination et de travail acharné.

Troisièmement, l'utilisation des exemples de milliardaires qui ont réussi peut accélérer le processus d'apprentissage et de développement personnel. Ces individus ont souvent des années d'expérience et de connaissances approfondies dans leur domaine. En étudiant leurs stratégies et leurs pratiques, on peut accéder à un savoir précieux sans avoir à traverser les mêmes étapes de tâtonnement et de recherche. Par exemple, en lisant des biographies ou des autobiographies de milliardaires comme Jeff Bezos ou Mark Zuckerberg, on peut apprendre des leçons précieuses sur la création et la croissance d'entreprises technologiques.

Quatrièmement, s'inspirer des exemples de milliardaires qui ont réussi peut aider à renforcer la motivation et l'engagement. Le chemin vers le succès est souvent semé d'embûches et de défis qui peuvent décourager même les plus déterminés. En se rappelant que des milliardaires célèbres ont surmonté des difficultés similaires et ont réussi malgré tout, on peut puiser dans leur force et leur persévérance pour surmonter les obstacles avec détermination. Ces exemples de réussite peuvent servir de sources d'inspiration et de rappels constants que le succès est à portée de main pour ceux qui sont prêts à persévérer.

Cinquièmement, l'utilisation des exemples de milliardaires qui ont réussi peut fournir des stratégies pratiques et des conseils utiles. Ces individus ont souvent partagé leurs connaissances et leurs expériences à travers des livres, des discours, des interviews et des articles. En étudiant ces sources, on peut apprendre des techniques et des approches spécifiques qui ont été éprouvées par des milliardaires prospères. Par exemple, Tim Cook a partagé ses réflexions sur le leadership et la prise de décision en tant que PDG d'Apple, offrant ainsi des conseils pratiques pour ceux qui cherchent à améliorer leurs compétences en gestion.

En outre, l'utilisation des exemples de milliardaires qui ont réussi peut aider à élargir les horizons et à stimuler la créativité. Ces individus ont souvent repoussé les limites de l'innovation et de l'entrepreneuriat, créant des entreprises et des produits qui ont transformé des industries entières. En étudiant leur vision audacieuse et leur capacité à penser différemment, on peut être inspiré pour explorer de nouvelles idées et poursuivre des opportunités innovantes.

Cependant, il est important de noter que l'utilisation des exemples de milliardaires qui ont réussi doit être équilibrée avec une approche réaliste et adaptée à ses propres circonstances. Chaque individu a un parcours unique, avec ses propres forces, ses faiblesses, ses aspirations et ses contraintes. S'inspirer des exemples de milliardaires célèbres doit être un moyen d'apprendre, de se motiver et de trouver des stratégies utiles, mais cela ne signifie pas reproduire exactement leurs parcours ou leurs actions. Chaque personne doit trouver sa propre voie vers le succès, en tenant compte de ses propres talents, de ses passions et de ses objectifs.

En conclusion, l'utilisation des exemples de milliardaires qui ont réussi est une stratégie puissante pour ceux qui aspirent à atteindre l'excellence et à réaliser leurs rêves. Ces individus emblématiques offrent des leçons inspirantes sur la vision, la détermination, la créativité et la persévérance. En s'inspirant de leurs habitudes, de leurs méthodes et de leurs expériences, les aspirants entrepreneurs et leaders peuvent apprendre, gagner du temps et renforcer leur motivation pour atteindre le succès dans leur propre parcours. Cependant, il est essentiel de rester réaliste et de développer une approche adaptée à ses propres circonstances. En embrassant cette approche équilibrée, les individus peuvent progresser vers leurs objectifs avec détermination et confiance, en se rappelant que le succès est à portée de main pour ceux qui sont prêts à travailler dur et à persévérer.

Biographie de l'auteur

Biographie de Jackson Cole : Un Blogueur Américain à Succès, Spécialiste des Startups et Auteur de Best-sellers

Jackson Cole, un blogueur américain à succès, spécialiste des startups et auteur de best-sellers, est un véritable visionnaire de l'ère numérique. Né le 15 mars 1985 à San Francisco, en Californie, il a grandi dans un environnement où la technologie et l'innovation étaient omniprésentes. Dès son plus jeune âge, Jackson était fasciné par le potentiel des nouvelles technologies pour transformer le monde des affaires et améliorer la vie des gens.

Diplômé en informatique de la prestigieuse Université de Stanford, Jackson Cole a rapidement fait ses preuves en tant que jeune entrepreneur audacieux. Après avoir obtenu son diplôme, il a fondé sa première startup à l'âge de 23 ans, une application mobile novatrice qui permettait aux utilisateurs de trouver des événements et des activités à proximité. Le succès de cette entreprise a été fulgurant, attirant l'attention des médias et des investisseurs.

La réussite de sa première startup a propulsé Jackson Cole sur la scène entrepreneuriale et lui a ouvert de nouvelles opportunités. Il est rapidement devenu une figure de proue dans le monde des startups et de la technologie, étant invité à participer à des conférences prestigieuses et à partager son expertise sur les nouvelles tendances du secteur.

Cependant, ce qui a vraiment démarqué Jackson Cole, c'est son blog à succès intitulé "Tech Insight", où il partageait régulièrement ses analyses approfondies sur les startups émergentes, les tendances technologiques et les opportunités d'investissement. Son style d'écriture dynamique, ses conseils pratiques et ses perspectives visionnaires ont rapidement attiré un large public de lecteurs avides de découvrir les dernières innovations et les idées révolutionnaires.

Le blog de Jackson Cole est rapidement devenu une référence dans le monde des affaires et de la technologie, attirant des millions de visiteurs chaque mois. Ses articles perspicaces et bien documentés ont valu à Jackson une réputation de spécialiste respecté dans l'industrie des startups et de la technologie.

Fort de sa notoriété croissante en tant que blogueur influent, Jackson Cole a été sollicité pour écrire un livre sur les startups et l'entrepreneuriat. En 2012, il a publié son premier ouvrage intitulé "Startups : De l'idée à la réussite", qui est rapidement devenu un best-seller. Dans ce livre, Jackson partageait ses expériences personnelles en tant qu'entrepreneur, tout en fournissant des conseils pratiques et des stratégies pour lancer et développer une startup prospère.

Le succès de son premier livre a ouvert la voie à d'autres projets d'écriture pour Jackson Cole. Au fil des années, il a publié une série de best-sellers, dont

"Innovation Disruptive : Les Clés du Succès", "La Technologie de Demain : Les Tendances à Surveiller", et "L'Entrepreneur Visionnaire : Comment Réussir dans un Monde en Constante Évolution".

En plus de son succès en tant qu'auteur et blogueur, Jackson Cole a également été un investisseur actif dans le domaine des startups et des nouvelles technologies. Il a investi dans de nombreuses entreprises prometteuses, contribuant ainsi à leur croissance et à leur succès. Son intuition et sa compréhension approfondie des tendances du marché lui ont permis de réaliser des investissements judicieux, ce qui lui a valu une réputation de "gourou des startups" parmi les investisseurs et les entrepreneurs.

Outre ses activités professionnelles, Jackson Cole est également connu pour son engagement envers la philanthropie et sa volonté de redonner à la communauté. Il a soutenu plusieurs organisations à but non lucratif et des initiatives éducatives visant à promouvoir l'accès à l'éducation et à la technologie pour les jeunes défavorisés.

Aujourd'hui, Jackson Cole continue d'inspirer des millions de personnes à travers le monde avec ses écrits et ses prises de parole. Son blog reste une source incontournable pour les entrepreneurs en herbe, les investisseurs et les passionnés de technologie qui cherchent à comprendre l'évolution rapide du monde des affaires.

En conclusion, Jackson Cole incarne le pouvoir de l'inspiration et de l'innovation dans le monde des affaires et de la technologie. En utilisant ses propres expériences et ses connaissances approfondies, il a réussi à devenir un blogueur américain à succès, un spécialiste respecté des startups et un auteur de best-sellers. Son parcours illustre comment l'utilisation des exemples de milliardaires qui ont réussi peut être une source puissante de motivation, d'apprentissage et de succès dans le monde des affaires et de l'entrepreneuriat. Son héritage continuera d'inspirer les générations futures d'entrepreneurs et de leaders, les encourageant à poursuivre leurs rêves et à repousser les limites de l'innovation et de la créativité.

Traduction de l'anglais, par Emma Delacroix.

Éditions du Château
Juillet 2023

Printed in France by Amazon
Brétigny-sur-Orge, FR